MARCO ⊕ POLO

Italien
Süd

Reisen mit **Insider Tipps**

W0076057

Diesen Reiseführer schrieb Bettina Dürr.
Sie pendelt seit zwei Jahrzehnten zwischen
Bologna und Düsseldorf und hat mehrere
MARCO POLO Reiseführer geschrieben.

www.marcopolo.de

Infos zu den beliebtesten Reisezielen
im Internet, siehe auch Seite 97

SYMBOLE

MARCO POLO INSIDER-TIPPS:
Von unserer Autorin für Sie entdeckt

★ **MARCO POLO HIGHLIGHTS:**
Alles, was Sie in Süditalien kennen sollten

 HIER HABEN SIE EINE SCHÖNE AUSSICHT

🏃 **WO SIE JUNGE LEUTE TREFFEN**

PREISKATEGORIEN

Hotels	
€€€	ab 130 Euro
€€	80–130 Euro
€	bis 80 Euro

Die Preise beziehen sich auf ein Doppelzimmer ohne Frühstück. In der Hochsaison ist in vielen Hotels am Meer die Buchung von Voll- oder Halbpension obligatorisch.

Restaurants	
€€€	ab 16 (12) Euro
€€	10–16 (7–12) Eur
€	bis 10 (7) Euro

Die Preise gelten für ein Hauptgericht *(secondo)* bzw. (in Klammern) für ein Nudelgericht *(primo)*. Beilagen *(contorni,* ab ca. 2 oder 3 Euro) müsse. separat bestellt werden.

KARTEN

[108 A1] Seitenzahlen und Koordinaten für den Reiseatlas Süditalien

[U A1] Koordinaten für die Karte von Neapel im hinteren Umschlag

[0] außerhalb der Neapelkarte

Zu Ihrer Orientierung sind auch die Orte mit Koordinaten versehen, die nicht im Reiseatlas eingetragen sind.

GUT ZU WISSEN

Süditalienische Spezialitäten **20** · Die Dudelsackpfeifer **36**
»Das Wunder von Castel di Sangro« **49** · Im Land der Zitronen **63**
Lakritz **72** · Fatalismus **78**

INHALT

Die wichtigsten
MARCO POLO Highlights

**Sehenswürdigkeiten, Orte und Erlebnisse,
die Sie nicht verpassen sollten**

 I Gigli
Massen von Menschen,
ohrenbetäubende Musik,
grandiose Pappmaché-
gebilde: das schrillste Fest
des Südens im kampanischen
Nola (Seite 25)

 Forum Romanum
Das Zentrum des einst riesigen
Weltreichs in Rom (Seite 28)

 Sixtinische Kapelle
Die Fresken Michelangelos:
das Meisterwerk des größten
Renaissancekünstlers Italiens
im Vatikan (Seite 31)

 Castel del Monte
Das esoterisch-mystische
Kastell des Stauferkaisers
Friedrich II. (Seite 42)

 **Kathedrale San
Nicola Pellegrino**
Schon ihre großartige Lage
über dem Meer macht Tranis
Kathedrale zur aufregendsten
mittelalterlichen Kirche
Apuliens (Seite 44)

 Alberobello
Runde, weiße trulli-Häuschen
mit spitzen, dunklen Dächern
– eine absolut einzigartige
Bauernarchitektur (Seite 44)

 Santa Maria di Collemaggio
Die prachtvolle Dekoration
macht den Bau in L'Aquila zur
schönsten mittelalterlichen
Kirche der Abruzzen (Seite 48)

Skurril: trulli-Häuser in Apulien

Amalfiküste: Schwindel erregend

 Parco Nazionale d'Abruzzo
Ein Wander- und Bärenparadies,
der Klassiker unter den Naturparks Süditaliens (Seite 50)

 Costa Amalfitana
Eine Traumstraße zwischen
Klippenküste, Meer und
zauberhaften Ortschaften
(Seite 64)

 Pompeji
Ein Vesuvausbruch hat die
römische Stadt begraben, sie
dadurch aber gut konserviert
(Seite 66)

Grandiose Lage: Tranis Kathedrale

 Paestum
Drei wunderbare Tempel
aus der Zeit der griechischen
Besiedlung Süditaliens
(Seite 66)

 La Cattolica
Ein völlig intakter byzantinischer
Backsteintempel aus dem
10. Jh. in Stilo (Seite 74)

 Sassi
Das faszinierende Gewirr
von in Felsen geschachtelten
Wohnungen in Matera steht
unter Unesco-Schutz (Seite 75)

 Monte Pollino
Großartige süditalienische
Berglandschaft mit seltenen
Baumarten (Seite 76)

 Bronzi di Riace
Zwei sehr gut aussehende
griechische Männer aus Bronze
– 1972 auf dem kalabrischen
Meeresgrund gefunden und
heute in Reggio di Calabria zu
bestaunen (Seite 77)

 Die Highlights sind in der Karte auf dem hinteren Umschlag eingetragen

Entdecken Sie Süditalien!

Weltberühmte Zeugnisse der Geschichte und einmalige Naturerlebnisse

Fassadenpracht über dem Golf von Neapel: Ferienstädtchen Sorrent

In den Süden Italiens, den *mezzogiorno,* ins Land des Mittags, zieht es immer mehr Reisende: Da sind die Sonne, das saubere Meer, in grüne Macchia und Felsen gebettete Strandbuchten, grandiose, wilde Bergwelten, weite Flussbetten und Haine aus uralten, knorrigen Olivenbäumen, unter denen knallrot der Klatschmohn blüht. Da hängen Zöpfe aus Knoblauch, Pfefferschoten und kleinen Tomaten an den Häuserwänden in der Sonne zum Trocknen – als Proviant für den Winter, als kräftige Würze für die Pastasauce. Klematis, Bougainvillea und Wein ranken an den Balkonen und Sonnenterrassen empor.

Der Süden Italiens ist ein Reiseziel, das starke Gefühle hervorruft; er konfrontiert den Besucher mit einer extremen Natur, mit zahllosen Spuren einer reichen Geschichte und mit Menschen, die scheu und überschwänglich, misstrauisch und gastfreundlich zugleich sein können. Dabei klappt es kurioserweise selbst in abgelegenen Dörfern oft gut mit der Verständigung: Gerade die Älteren können fast alle noch etwas Deutsch aus ihrer Zeit als Ar-

beitsimmigranten in der Schweiz und in Deutschland. Nach einem arbeitsreichen halben Leben in der Fremde sind sie dann zurückgekehrt und leben nun friedlich ihren Lebensabend im Heimatort, wo sie die Tage auf ihrem Fleckchen Land verbringen, Gemüse und Wein für den gesamten Familienclan ziehen und am Nachmittag auf die Piazza oder in die Bar zu einer Kartenrunde *briscola* gehen.

Auswandern zu müssen auf der Suche nach Arbeit ist eines der Stichworte, die einem zum Mezzogiorno einfallen. Millionen von Familien zog es ab Ende des 19. Jhs. bis weit hinein in die Siebziger-, Achtzigerjahre des 20. Jhs. nach Nord- und Mitteleuropa, nach Argentinien, Kanada und in die USA, um der bitteren Armut in den un-

Santa Maria a Isola in Tropea liegt so spektakulär wie der ganze Ort

Geschichtstabelle

Vor- und Frühgeschichte
Zur libysch-iberischen Mittelmeerbevölkerung kommen indogermanische Italiker aus dem Norden

753 v. Chr. Gründung Roms

8.–3. Jh. v. Chr. 40 Kolonialstädte griechischer Stämme im Süden Italiens und auf Sizilien. Nordlatium wird zusammen mit der Toskana Stammland der Etrusker

343 v. Chr. Rom beginnt die Unterwerfung der italischen Völker

3.–1. Jh. v. Chr. Römische Vormachtstellung im Mittelmeerraum. Sozialrevolten und Schreckensherrschaften führen zum Ende der Republik

Ab 30 v. Chr. Augustus begründet das römische Kaisertum; Kulturblüte (Vergil, Ovid, Horaz), Reichskonsolidierung

4.–5. Jh. n. Chr. Anerkennung des Christentums, der römische Bischof wird zum Oberhaupt der Christenheit; Niedergang des Römischen Reiches

6.–10. Jh. Langobarden und Byzantiner ringen um die Vormachtstellung in Italien; Araber erobern Sizilien, Sardinien und Süditaliens Küste

11.–13. Jh. Kulturelle Blütezeit unter Normannen und Staufern

13.–16. Jh. Karl von Anjou baut das Königreich Neapel aus, 1458 fällt Neapel ans spanische Königshaus Aragón. Die protestantischen Landsknechte Karls V. plündern 1527 Rom

18. Jh. Während der europäischen Erb- und Thronfolgekriege beginnt die Herrschaft der Bourbonen über Süditalien

1860 Widerstand gegen die Bourbonen und Garibaldis »Zug der Tausend« in Sizilien führen zum Anschluss Süditaliens an die nationale Einigung

1871 Rom wird Hauptstadt des vereinten Italien

1922 Marsch der Faschisten auf Rom. Italien unter der Diktatur von Benito Mussolini

1943–46 Die Alliierten befreien Sizilien und Rom; Italien wird nach Volksabstimmung Republik

Ab 1950 Halbherzige Versuche, den Süden durch Investitionen (Cassa del Mezzogiorno) zu fördern

2005 Der in den Neunzigerjahren begonnene Zustrom von Flüchtlingen und Immigranten – vor allem Albaner, Iraker, Nordafrikaner, Kurden – an die Küsten und Inseln Süditaliens hält an. Trotz hartnäckiger Bekämpfung ist die Mafia, etwa in Neapel, so brutal wie lange nicht

zugänglichen Bergen zu entfliehen. Die Industrialisierung Norditaliens in der Nachkriegszeit ist ohne die Arbeitskraft der Süditalier nicht vorstellbar. Die heutigen, jüngeren Generationen versuchen in ihrer Heimat zu bleiben, obwohl die Arbeitslosigkeit im Vergleich zum Norden immer noch sehr hoch ist. Man schlägt sich durch mit Saison- und Schwarzarbeit, der Familienzusammenhalt hilft sehr dabei. Das Leben im Süden hat sich in den letzten 20 Jahren modernisiert, von sprichwörtlicher Rückständigkeit kann kaum mehr die Rede sein. Eine Zukunftsperspektive steckt sicherlich im Tourismus, dank Mittelmeerklima und grandioser Landschaft: Das beginnt in den Abruzzen mit dem kalkhellen Massiv des Gran Sasso d'Italia, mit seinen 2914 m die höchste Spitze des italienischen Apennins; hinzu kommen die Bergwelt des National-

> *Kooperativen führen Naturtouristen durch die Bergwelt*

parks der Abruzzen, in dem sogar wieder Wölfe und Bären leben, sowie die Maiellagruppe. Apulien prägen die mit Weizenfeldern und Trauben überspannten Ebenen des Tavoliere und der wunderbare Wald auf dem Stiefelsporn Gargano, die Foresta Umbra. Die Basilikata teilt sich mit Kalabrien das stille, weite Pollinomassiv mit den bizarren, uralten Panzerföhren, deren Äste hellgrau und zerfleddert in die Luft stechen. Ganz im Süden folgen schließlich die dichten Wälder im Sila- und Aspromontegebirge auf Felsen aus hartem Granit, mit denen der Apennin auf der Stiefelspitze ausläuft. Und dann natürlich Kampanien mit Bergen, Wäldern und Grotten im Cilento und dem immer noch wachen Vulkanberg Vesuv. Doch auch die Küstenlandschaft hat alles zu bieten, was Urlauber sich nur wünschen können: Auf die kinderfreundlichen, flachen

Höhlenhäuser in Matera: einst »nationale Schande«, heute denkmalgeschützt

Sandstrände an der Adriaküste der Abruzzen und Molises folgt das bewegte Wechselspiel aus Sand- und Kiesbuchten, Felsküste und Meeresgrotten in Apulien. Dem schließt sich die Ebene von Metapont in der Basilikata an mit flachen, weiten Stränden. Die Küste Kalabriens wiederum bietet ein Auf und Ab an Stränden und Felsklippen, Höhepunkte sind die Halbinsel Isola di Capo Rizzuto und die Klippen überm Sandstrand von Tropea. An das Tyrrhenische Meer stößt dann noch mal ein Stück der Basilikata mit einem besonders schönen Küstenabschnitt an, dem Golf von Policastro mit dem Hauptort Maratea. Darauf folgt der Cilento, die Bergwelt Kampaniens, die mit wunderbaren Strandbuchten und geheimnisvollen Grotten ins Meer hineinreicht. Der vielleicht schönste Küstenabschnitt ganz Italiens bei Amalfi nennt sich zu Recht Costa Divina, Göttliche Küste. Sie mündet in die Halbinsel von Sorrent, die den Südbogen des weiten Golfs von Neapel mit seinen drei so unterschiedlichen Inseln Capri, Ischia und Procida schlägt. Höhepunkte an der Küste des Latium bilden die Dünen des Naturparks Circeo, der Golf von Gaeta und die Inseln Ponza und Ventotene.

Naturschutz wird neuerdings groß geschrieben, was auch überfällig ist, denn die wilde Zersiedelung der letzten Jahrzehnte hat ihre unschönen Spuren hinterlassen. Junge Süditaliener tun sich zu Kooperativen zusammen, einer Art steuerbegünstigter Genossenschaft, und erschließen die grandiosen Bergwelten für sanften Naturtourismus, als Wanderführer, Waldpfleger, Hüttenwarte. Sie greifen traditionelle Volksmusik, altes Handwerk, kulinarische Traditionen wieder auf und beleben für sich und die Reisenden den kulturellen Reichtum des Südens neu. Unterbeschäftigte Fischer bieten auf ihren Booten Ausflüge zu den Grotten in den Felsküsten an oder nehmen die Touristen auf Fischfang mit. Auch die alte Bauernarchitektur, besonders vielfältig in Apulien, profitiert davon, dass die Auswanderung nachgelassen hat und die touristische Entdeckung zunimmt: Noch unlängst vom Verfall bedroht, werden nun viele der wunderschönen alten *masserie,* der großen, befestigten Gutshöfe in der Basilikata, vor allem aber in Apulien, von der jüngsten Besitzergeneration restauriert und zu traumhaften Feriendomizilen umfunktioniert. Das Gleiche geschieht auch mit den *trulli,* diesen kuriosen runden Katenhäuschen in Apulien in der Valle d'Itria mit dem Zentrum Alberobello.

Politisches und religiöses Zentrum (Süd-)Italiens ist Rom, der Mittelpunkt Italiens, zu dem bekanntlich alle Wege führen. Die Römer mischten sich mit dem alten Kulturvolk der Etrusker, die Jahrhunderte v. Chr. Mittelitalien mit komplexen, hochkulturellen Stadtgemeinschaften besiedelten. Ihre kostbaren Hinterlassenschaften kann man heute in ihren ausgegrabenen Totenstädten und in den reichen Museen in und um Rom bewundern. Die Römer assimilierten aber auch das griechische Erbe: Die Grie-

> *In Süditalien steht die Wiege der europäischen Kultur*

Zeugnissen der griechischen Kultur begegnen Sie auf Schritt und Tritt

chen waren vor 2500 Jahren zunächst auf Ischia, dann auf dem Festland nahe bei Neapel gelandet. Damit begann der Aufbau einer durch Handel, hoch entwickeltes Handwerk, wissenschaftliche Kenntnisse und philosophische Schulen überreichen Kolonie aus über 40 Städten längs der Küste Süditaliens – die Wiege der europäischen Kultur. Ausgrabungsstätten, Museen und die wunderbare Tempelanlage in Paestum zeigen die sichtbaren Reste.

Mit dem Zusammenbruch des Römischen Imperiums im 4. Jh. begann eine andere Geschichte Süditaliens, die der ständig wechselnden Herrscher, die aus fremden Ländern über die Alpen oder vom Meer kommend hereinbrachen: Byzantiner, Sarazenen, Langobarden, Araber, Normannen, Staufer, Spanier, Franzosen, Bourbonen, Habsburger. Von ihnen sieht man heute noch Paläste, mächtige Kastelle und schöne Kirchen. Rom als Zentrum des abendländischen Christentums hat auf ganz Süditalien ausgestrahlt: mit phantastischer Sakralkunst, mit Kirchenarchitektur aus Mittelalter, Renaissance, Barock und mit eindrucksvollen Klosteranlagen. Die Frömmigkeit des Südens äußert sich heute noch auf mitreißende Art in den aufwändigen Volksfesten, wie man sie in ganz Europa kaum mehr findet, oder in der kuriosen Kleinkunst der neapolitanischen Weihnachtskrippen, die in ihrem ganzen Überschwang im Krippenviertel San Gregorio Armeno in Neapel zur Adventszeit zu bewundern sind – übrigens ist der Winter eine besonders schöne Reisezeit für den Süden.

> *Fischer bieten Ausflüge zu den Felsgrotten an*

Von den Briganten bis zum Schutzgeld

Notizen zu caffè und Camorra, zur Pizza und zur passeggiata

Briganten

Ländliche Outlaws, einst Bauern und Hirten, die in den unwegsamen Bergen des Apennins im Mezzogiorno lebten, durchziehen die süditalienische Geschichte seit der Antike. *Briganti* unterstützten die Sklaven im legendären Spartakusaufstand 73–71 v. Chr., schlugen sich aber auch 1799 und 1806 auf die Seite der feudalen Bourbonenmonarchie und des reaktionären Klerus gegen die jakobinischen Franzosen und das heimische aufgeklärte Bürgertum. Das Brigantentum steigerte sich dramatisch in den Anfängen des neuen Nationalstaates seit 1861 als erbitterte Reaktion auf die repressive staatliche Steuerpolitik. Im historischen Brigantentum Süditaliens, seiner Verwurzelung in der Bevölkerung und seinem ganz eigenen Rechtsempfinden im Kontrast zu Staat und Obrigkeit verbergen sich Konstanten, die in der mafiosen »Ehrenwerten Gesellschaft« und in der *omertà,* der Schweigesolidarität, heute noch Niederschlag finden.

Ausgedehnte Olivenhaine prägen neben Zitrusplantagen und duftender, immergrüner Macchia vielerorts das Landschaftsbild

Caffè

Von der einstigen Kaffeehauskultur in ganz Italien sind ein paar schöne Lokale übrig geblieben, in Rom etwa das Caffè Greco und Alemagna, in Neapel das Grand Caffè Gambrinus, historische Denkmäler. Der italienische *caffè* wird heute in den zahllosen Stehbars eingenommen, die man an allen Straßenecken und Plätzen findet. Stark geröstet, hoch konzentriert, als *caffè normale* gerade mal zwei Fingerbreit hoch in der kleinen Tasse, wirkt er wie ein Tropfen Lebenselixier. Man trinkt ihn auch *ristretto* (noch konzentrierter mit noch weniger Wasser), *lungo* (lang, d. h. etwas verdünnter), *macchiato* (mit ein paar Tropfen Milchschaum »befleckt«), *corretto* (mit einem Schuss Cognac, Grappa oder Brandy »korrigiert«). Und beim *cappuccino* wird eine große Tasse mit dem kleinen *caffè* durch eine mächtige Haube aus Milchschaum aufgefüllt. Im Sommer bekommt man den *caffè* auch kalt *(freddo)* oder als *granita,* zu Eiskristallen gefroren.

Das Zischen der Espressomaschine ist eines der typischsten Geräusche Italiens, die Bar Treffpunkt schlechthin, der *caffè* am Tresen Anlass für eine kurze Verschnauf-

Trotz steigender Scheidungsraten: Die Familie ist immer noch unangefochten

pause, ein Freundschaftsangebot, eine Friedenserklärung – und für den Reisenden eine Gelegenheit, sich ganz unverbindlich ins zweite Zuhause der Italiener einzuführen.

»Christus kam nur bis Eboli«

Dieses weltberühmte Buch des Turiner Arztes, Schriftstellers und Malers Carlo Levi beschreibt das karge, mühselige Leben der Bauern in der Basilikata noch Mitte des 20. Jhs.: Als Widerständler gegen den Faschismus hatte man Levi 1936 in das Dorf Aliano (im Buch Gagliano, hier liegt er auch begraben) verbannt. 1947 erschienen seine bewegenden Aufzeichnungen. Sie machten Norditalien und die ganze Welt (das Buch wurde in 37 Sprachen übersetzt) auf das primitive Elend des italienischen Mezzogiorno und auf die verheerenden Lebensbedingungen in den Höhlenwohnungen von Matera, den *sassi*, aufmerksam. Der Staat zwang die Bewohner, die *sassi* zu verlassen. Und heute? Kaum zu glauben, aber wahr: Heute stehen die Höhlenwohnungen auf der Unesco-Liste des Weltkulturerbes und gelten als schick unter Künstlern, Großstädtern etc.

Familie

Die italienische Familie ist immer noch unangefochten. Vor allem natürlich im Süden Italiens, wo sie als Verbund gegenseitiger Hilfe unentbehrlich ist. Sie gleicht die mangelhaften Strukturen des Staates aus: bei Arbeitslosigkeit, die hier Spitzen bis zu 30 Prozent erreicht, bei der chronischen Wohnungsnot, bei der Alten- und Krankenbetreuung. Die Erziehung der Kinder liegt vielfach bei den Großeltern. In der Verwandtschaft findet man Freunde, Handwerker, den Arzt, den Anwalt. Und noch werden in Süditalien mehr Kinder als im Norden geboren (aber auch hier mit stark abnehmender Tendenz), was dessen europäischen Minusrekord, ein Kind pro Familie (im kinderfreundlichen Italien!), ausgleicht. Die unangefochtene Hauptperson in der Familie ist die Mutter, deren fürsorgliche Allgegenwart in den so genannten *mammismo* ausarten kann, die mütterliche Übermacht, die das Leben vor allem der Söhne bis an deren Ende beherrschen kann.

Flora und Fauna

Natürlich trifft man überall im Süden Italiens auf die Klassiker mediterraner Vegetation: auf ausgedehnte Olivenhaine, Weingärten und Zitrusplantagen, auf immergrüne Macchia aus Steineiche, Mastix und Wacholder, auf ausladende Pinien und üppige Palmen, Bananenstauden und Feigenbäume. Neben Zitronen und Orangen gedeihen Zedern- und Bergamottefrüchte, die es nur in Kalabrien gibt. Duftende Kräuter wie die scharfe Rauke, Rosmarin-, Thymianbüsche oder Orchideen wachsen frei und wild. In den weiten naturbelassenen Gebieten im Landesinneren wimmelt es von Insekten-, Vogel- und Kleintierarten, die anderswo kaum noch vorkommen, und in den großen, bergigen Nationalparks in den Abruzzen überleben sogar Wölfe und Bären.

Heilige

Allein in Neapel wird 52 verschiedenen Heiligen gehuldigt, an der Spitze natürlich San Gennaro, dem Patron Neapels, der zweimal im Jahr mit der Verflüssigung seines Blutes unter inbrünstigen Gebeten der Gläubigen (am ersten Maisonntag und am 19. September) sein orakelhaftes Placet zum Schicksal der Stadt liefert. Italien ist zu mehr als 90 Prozent römisch-katholisch. Trotz der laizistischen Modernisierung des Mezzogiorno (Scheidung, Abtreibung, Verhütungsmittel haben sich längst durchgesetzt) spielen die Fürsprecher im Jenseits, die Madonna und zahllose Heilige mit ihren spezifischen Schutzgebieten wie Schmerzen, Liebe, Ernte, Studium, Seefahrt, Autofahren, Arbeit usw., eine große Rolle und sind letztlich auch als ein Erbe der heidnischen Göttervielfalt der Griechen und Römer zu verstehen. Den größten Zulauf erfährt derzeit ein moderner Heiliger, der 1968 gestorbene Wunderheiler Padre Pio, mit alljährlich rund 6 Mio. Menschen, die an seinen Wirkungsort San Giovanni Rotondo in Apulien pilgern.

Immigranten

An klaren Tagen sehen die Menschen in Durrës und Vlorë die glitzernden Lichter Apuliens – für die Albaner in ihrem bitterarmen Land jenseits des Kanals von Otranto die Lichter der Verheißung von einem besseren Leben. Das gelobte Land heißt allumfassend »Lamerica« (so erzählt es eindringlich der gleichnamige Film des italienischen Regisseurs Gianni Amelio). Lange Zeit luden skrupellose Schlepper – Italiener und die eigenen Landsleute – die illegalen Einwanderer aus Albanien und dem Kosovo bei Nacht und Nebel an den Stränden zwischen Brindisi und Otranto ab. Als Tourist bekam bzw. bekommt man davon kaum etwas mit. Heute kommen die meisten Flüchtlinge aus Palästina, Bangladesch, dem Irak und aus Afrika und gehen vornehmlich

Im mediterranen Klima Süditaliens spielt sich das Leben im Freien ab

auf der zwischen Sizilien und Nordafrika gelegenen Insel Lampedusa an Land.

Klima

Oben auf dem Apenninkamm längs durch den Stiefel sinken die Temperaturen selbst im Januar nur knapp unter Null, gerade genug, um eine Schneedecke zu schaffen, auf der man Ski fahren kann. Heftige Schneefälle wie im Januar 2005 gibt es aber nur in Ausnahmewintern. Im Juli erreichen diese hochalpinen Bergregionen immerhin Mittelwerte um 18 Grad. Je mehr man sich den Küsten nähert, umso wärmer und trockener wird es. Am Golf von Neapel beginnt dann endlich mediterranes Klima. Das kennzeichnet auch die Küstenregionen Kalabriens und Apuliens, vor allem

deren dem Ionischen Meer zugewandte Seite: heiße, trockene Sommer bei Tagestemperaturen von 30 Grad im Schatten, milde Winter mit wenig Regen (was gewaltige Unwetter nicht ausschließt), zwischen sechs und zwölf Grad Wintertemperatur, ideale Verhältnisse für immergrünen Strauchwald *(macchia mediterranea),* für Olivenbäume, Feigenkakteen, Zitrusfrüchte. Im Frühling blüht und grünt es, während schon im Juni die Sonne zu sengen beginnt. Im August erreicht das Mittelmeer Werte von bis zu 27 Grad. Ideale Reisezeiten sind April bis Juni und September bis November; Juli und vor allem August sind nicht nur sehr heiß, es ist auch die Zeit, in der Schulen und Fabriken schließen, entsprechend überfüllt sind Badeorte und Strände. Und die Preise ziehen stark an. Abgesehen von den ausgestorbenen Städten ist dann allerdings auch am meisten los.

Mezzogiorno

Immer noch hinkt die Produktivkraft Süditaliens (des »Mezzogiorno«) derjenigen Norditaliens hinterher – auch wenn sich die Anzeichen einer grundsätzlichen Veränderung mehren: Nicht mehr unproduktive, staatlich (durch die »Cassa per il Mezzogiorno«) finanzierte Riesenbetriebe werden gefördert, sondern die gezielte Unterstützung engagierter Kleinbetriebe und junger Selbstständiger steht nun auf dem Programm. Das heißt auch, dass die jungen Süditaliener – auch die akademische Elite – nicht mehr nur an feste Beamtenposten oder die Fabriken im Norden denken. Dort sucht man sich nun die Arbeiter unter den Immigranten vom Balkan und aus Afrika.

Mythos Neapel

Man sagt, dass eine Stadt stirbt, wenn sie nicht immer wieder Thema wird, wenn sie nicht immer wieder zum Nachdenken animiert, Inspiration wird. Demnach müsste Neapel trotz seiner urbanistischen Zerrüttung, seiner ökologischen und sozialen Gefährdung lebendiger sein denn je. In den letzten Jahren hat es eine Fülle von Büchern, Artikeln, Talkshows, Debatten und Dokumentarfilmen über Neapel gegeben. Intelligente Revivals der klassischen *canzone napoletana* und junge neapoletanische Musiker und Liedermacher haben Hochkonjunktur. Belletristik mit Neapel als Thema füllt die Bestsellerlisten (Luciano De Crescenzo, Domenico Rea, Anna Maria Ortese, Susan Sontag). An Neapel scheiden sich die Geister: Während die einen es als Hölle abschreiben, sehen die anderen gerade in seinem labyrinthischen Chaos aus Zufall und Improvisation die urbane Zukunft, die postmoderne Aktualität mediterraner Städte.

Pizza

Die einzige weltweit ernst zu nehmende Konkurrenz des Hamburgers ist die neapolitanische Pizza. Allein in Italien werden täglich in 27 000 Pizzerien über 5 Mio. Pizzen verzehrt. Als billiger Schnellimbiss taucht sie im 18. Jh. auf den Straßen Neapels auf. Anfang des 19. Jhs. ist Neapel schon voller Pizzerien, doch ins restliche Italien gelangt die Pizza erst im 20. Jh. Auch wenn jeder Italienreisende die saftig-knusprigen Teigfladen längst von zu Hause kennt, ist ein Pizzamahl in Neapel immer noch ein besonderer Genuss.

Pizzo

Der *pizzo,* das so genannte Schutzgeld, das Industrielle, Laden- und Barbesitzer unter Drohungen in regelmäßigen Abständen an die organisierte Kriminalität zu zahlen gezwungen werden, ist der Nenner, den alle mafiosen Organisationen Süditaliens gemeinsam haben: die *Cosa Nostra* in Sizilien, die *Camorra* in Neapel und Kampanien, die ihren Rückhalt für illegales Glücksspiel, Schmuggel, Drogenhandel und die Fälschung von Markenartikeln vor allem in der armen Stadtbevölkerung findet; die *'ndrangheta* in Kalabrien, die seit den Neunzigerjahren auch das relativ wohlhabende Apulien als *Sacra Corona Unita* verunsichert. So bringt der *pizzo* der Mafia alljährlich sage und schreibe 7 Mia. Euro ein, drei Prozent des italienischen Bruttoinlandsprodukts! Die organisierte Kriminalität verdient zudem reichlich an der Vergabe öffentlicher Aufträge. Längst sitzen Zellen dieser Organisationen auch in Mittel- und Norditalien (und im Ausland). Während Justiz und wachsender Bürgersinn zunehmend Widerstand leisten, braucht sich der Tourist nicht zu sorgen: An ihm ist die organisierte Kriminalität kaum interessiert.

Sprachen

Italien ist ein Land der Sprachenvielfalt. Neben den vielen Dialekten hört man in einigen Dörfern in Kalabrien und Molise (hier stößt man vereinzelt auch auf Serbokroatisch) Albanisch von den Nachfahren albanischer Siedler, die hier im 14. und 15. Jh. auf der Flucht vor den Türken landeten. In Apulien und in Kalabrien haben sich sogar griechische Sprachreste erhalten.

Mediterrane Diät

Gemüse und Obst aus dem Garten Europas und Weine voller Sonne und Süße

Reich an Gemüsen und Früchten, Kohlehydraten und Eiweiß, arm an tierischen Fetten, genießt die *dieta mediterranea* ernährungswissenschaftlich hohes Ansehen als Mittel gegen Stress und zu viel Cholesterin. Viele Monate sonnige Wärme, unterirdische Quellen, fruchtbarer Lavagrund: Ob auf den ausgedehnten Ebenen Apuliens, den Feldern im neapolitanischen Hinterland oder in den Zitrushainen an der Küste Sorrents und Amalfis, überall gedeiht fast das ganze Jahr hindurch eine üppige Vielfalt an Gemüse und süßen, saftigen Früchten. Gewürzpflanzen und Kräuter wie Lorbeer, Rosmarin, Salbei, Origano, Thymian, Basilikum und Kapern entwickeln zwischen heißem Gestein ihren Duft. An Hausmauern und in Toreingängen hängen Zwiebel- und Knoblauchzöpfe, trocknen Tomaten und die feuerroten Chilischoten, die *peperoncini*.

Süditalien ist ein Land der Gemüse: Fenchel, Auberginen, Artischocken, Brokkoli, Mangold, Rübensprossen, Lattich, Salate oder die wunderbar süßen roten Zwiebeln von Tropea. Gedünstet und mit Olivenöl und Zitrone beträufelt oder mit Olivenöl, Knoblauch und *peperoncino* in der Pfanne geschwenkt, so isst man es hier am liebsten. Eine regelrechte Delikatesse sind die eingelegten Gemüse: in Kräutern und Olivenöl marinierte Auberginen- und Zucchinischeiben, Pilze, Artischockenherzen und vieles mehr, die so genannten *sott'oli,* ideale Mitbringsel.

Die Fleischtradition Süditaliens kennt vor allem Schaf- und Ziegenfleisch, doch auch Schweinefleisch ist beliebt, in der Basilikata und in Kalabrien macht man besonders gute Würste daraus. Nach wie vor gibt es Innereien vom Lamm *(coratella)* und Kalbskutteln *(trippa)*.

Aus Schaf- und Ziegenmilch sind die klassischen Käsesorten des Südens: *pecorino* (Schafskäse) und *caprino* (Ziegenkäse). *Caciocavallo* aus Kuhmilch ist ein frischer, fetter Knetkäse. Ebenfalls meist aus Kuhmilch ist der Frischkäse *mozzarella,* auch *fior di latte* genannt, in Kugel- oder Zopfform, doch hier im Süden sollten Sie ihn unbedingt aus Büffelmilch probieren. In Latium und Kampanien, vor allem in der Ebene von Paestum südlich von Neapel, begegnet man längs der Straße Käsereien *(latterie),* in denen man frische Kuh- und Büffelmozzarella bekommt, saftig-sahnig mit leichtem Säurestich und himmelweit ent-

Hausgemachte Pasta mit frischen Meeresfrüchten: ein Inbegriff der ebenso gesunden wie wohlschmeckenden cucina mediterranea

Süditalienische Spezialitäten

Lassen Sie sich diese Köstlichkeiten gut schmecken!

abbacchio – So heißt der Lammbraten in Rom und Latium; dazu gibt es oft mit Minze gewürzte Artischocken.

antipasto misto – gemischte Vorspeise, z. B. grobe Salami, oft mit Knoblauch, *peperoncino* (Chili) und Olivenöl gewürzt, dazu in Marinade eingelegtes Gemüse, die *sott'oli*

arrosticini – kleine, krosse Spieße mit Schaffleisch, besonders beliebt auf den Volksfesten

bucatini all'amatriciana – dicke Röhrennudeln mit einer Sauce aus Speck, Tomate und *peperoncino*

caprese – das wohl berühmteste süditalienische Sommergericht: Mozzarella- und Tomatenscheiben, gewürzt mit Olivenöl und Basilikum

capretto farcito – eine leider seltene Köstlichkeit Kalabriens: ein mit Innereien und Nudeln gefüllter Zickleinbraten

cutturiedd' – das klassische Lammgericht in der Basilikata (und ähnlich in Apulien), in Stücken und mit viel Gemüse und Gewürzen lange im Topf geschmort

impepata di cozze – gekochte Miesmuscheln, mit Pfeffer, Petersilie und Olivenöl gewürzt

involtini di pescespada – Schwertfischscheiben werden mit Mozzarella, Schinken und Gewürzen belegt und zu Rouladen gerollt, typisch für Kalabrien.

orechiette con cime di rapa e acciughe – kleine, runde Teig- »Öhrchen« mit Rübenspitzen oder Broccoli und Sardellenfilets, ein typisches Pastagericht in Apulien

parmigiana di melanzane – Auberginenauflauf, mit Mozzarella und Parmigiano im Ofen überbacken

pasta alla sorrentina – Teig- klößchen in Tomatensauce, mit geschmolzenem Scamorza-Käse im Ofen überbacken

scripelle 'mbusse – Delikatesse aus den Abruzzen: hauchdünne Pfannkuchen in Hühnerbrühe mit reichlich Pecorino-Käse bestreut

spaghetti alla chitarra – Vier- kantige Spaghetti, typisch für die Abruzzen, werden mit Fleischsauce und Pecorino-Käse angemacht.

zuppa di pesce – Natürlich stößt man überall längs der Küste auf die jeweilige lokale Variante der Fischsuppe aus verschiedenen Fischsorten, Meeresfrüchten und Tomaten.

fernt von den geschmacklosen Gummiklopsen aus der Industrieproduktion.

Aus Süditalien kommt auch der Grundpfeiler der italienischen Küche, die *pasta*. Der beste Hartweizen fürs Pastamehl wächst in Apulien, der Kornkammer Italiens. Die *spaghetti* und die *maccheroni* wurden in Italien erfunden.

Tomaten, Tomaten, Tomaten: Die gibt es zu allem, auf der Pizza, zur Pasta, zu Fisch und Fleisch, als Salat, getrocknet, eingelegt, gegrillt, gebacken, gefüllt. Roh (wenn noch jung und weich) oder auf vielerlei Arten gekocht und gebraten isst man die Artischocken. Roh schmecken auch die jungen, süßlichen Saubohnen *fave*, mit Schafskäse, Pfeffer, Öl und einem Spritzer Zitrone angemacht.

Fast rundherum von Meer umgeben, dürfen natürlich auch Fisch und Meeresfrüchte nicht fehlen: Vor allem der große Schwertfisch, *pesce spada*, der an der Küste Kalabriens und Siziliens gefischt wird, aber auch *dorata* (Goldbrasse), *branzino* (Seebarsch), *tonno* (Thunfisch) und natürlich Sardinen und Makrelen sowie Muscheln und alle Arten von Tintenfischen bestimmen das Angebot in den Fischgeschäften und auf den Speisekarten.

Natürlich dürfen auch Süßspeisen nicht fehlen, und die sind im Süden Italiens besonders süß: Gern verwendet man zu Torten und für Füllungen *ricotta*, einen flockigen, quarkähnlichen Frischkäse aus Molke, außerdem viel Honig, Mandeln und kandierte Früchte. Zu den süßen Dessertweinen wird schmackhaft gewürztes Gebäck gereicht. Und jeder freut sich auf das fruchtige Speiseeis und die Zitronensorbets. Nicht nur zum Nachtisch beliebt sind die Früchte, die unter der Mittelmeersonne besonders süß reifen: Orangen, Aprikosen, Feigen, Kaki, Melonen, Mispeln, Trauben und andere mehr

Man isst spät im Süden: Die Restaurants öffnen zwischen 13 und 15.30 Uhr, abends erst ab 20 Uhr. Zur Endrechnung gehört immer das *coperto,* der Gedeckpreis zwischen 1 und 5 Euro, der stets auf der Speisekarte ausgezeichnet ist. Der Service ist meist im Preis inbegriffen. Trinkgeld (ca. fünf Prozent) legt man in runder Summe auf den Tisch.

In Italien gibt es keine einzige Region, die nicht ihren eigenen Wein produziert, und das seit den Zeiten der Phönizier, Etrusker und Römer. Weine voller Sonne und Süße eignen sich vielfach als Dessertweine, andere, leichtere ergänzen die würzige Küche. Zu Latium fallen einem die Weißen der Colli Albani und der Frascati ein, in den Abruzzen gibt es den roten Montepulciano d'Abruzzo und den weißen Trebbiano, im Molise den Biferno und den Pentro. Zu Recht stolz sind die Apulier auf ihre Roséweine, auf den roten Primitivo und den Weißen von Manduria. Der rote Aglianico der Basilikata stammt noch von Reben ab, die die Griechen in Süditalien anpflanzten. Von griechischer Weintradition künden auch die Weine Kalabriens: der kräftige Rotwein Cirò, der üppige Weiße Greco di Bianco. Zu den vielen weißen Weinen Kampaniens gehört der schwere Lacrimae Christi von den Hängen des Vesuvs. An den Schluss einer Mahlzeit gehört ein eiskalter Zitronenlikör, der *limoncello,* oder der berühmte Kräuterlikör aus Benevent, *La Strega.*

Handwerk zwischen Kunst und Kitsch

Von Keramik, Korallen und Krippenfiguren

Das milde Klima erlaubt ein reges Marktleben unter freiem Himmel. Es gibt die großen, bunten Lebensmittelmärkte, Wochenmärkte mit Kleidung, Haushaltswaren, Pflanzen. Aus der Vielfalt der Früchte, Gewürze und Gemüse, die unter der Mittelmeersonne gedeihen, entstehen dann auch beliebte Mitbringsel wie z.B. Feigen- und Zitronenmarmeladen, Liköre aus Mandarinen, Walnüssen, Zitronen oder aus der Schale des *cedro*, einer nur in Kalabrien wachsenden, herb-frischen Zitrusfrucht. Im Raum L'Aquila in den Abruzzen bekommt man den besten Safran Italiens, das Gewürz für den klassischen Risotto, das aus den Blütenstängeln von Millionen von Krokussen gewonnen wird. Begehrt sind auch die in der südlichen Sonne getrockneten Tomaten: Sie halten sich lange und eignen sich bestens als Würzzutat.

Ein Tipp für Schnäppchenjäger in Sachen Mode ist das täglich geöffnete, neue Factory-Outlet-Center südlich von Rom in Castel Romano *(SS 148, http://castelromano.mcarthurglen.it)*.

Nützliches und Nippes aus Ton und Terrakotta gibt es in Süditalien zuhauf. Rustikales Geschirr finden Sie u. a. in Apulien, Kalabrien und im Latium

Zur Schmucktradition Neapels gehören die Gemmen, aus Muschelkalk fein geschnitzte Broschen, sowie Halsketten, Armbänder, Ohrringe und vielerlei mehr aus dem *oro rosso,* der polierten roten Koralle.

Berühmt für rustikales Geschirr sind die Keramikwerkstätten in und um Grottaglie in Apulien, in Kalabrien in Squillace, Praia a Mare und Seminara sowie im nördlichen Latium. In Vietri sul Mare und längs der Küste von Amalfi hat die Tradition der Majoliken, der bunten Keramikkacheln, überlebt. Sorrent ist berühmt für sein Kunsthandwerk der Holzintarsien, und im apulischen Lecce formt man aus *cartapesta,* aus Pappmaché, heilige und profane Figuren. Jedes Jahr mit Beginn der Adventszeit verwandeln sich die Gassen in Neapels Altstadt, vor allem die Via Gregorio Armeno, in einen quirligen Krippenmarkt mit Bergen von Hirten, Heiligen Drei Königen, Bauern, Händlern, Handwerkern, Tieren, Häusern, die die typische neapolitanische Krippenlandschaft bevölkern.

Natürlich ist vieles billiger Kitsch, doch daneben überleben immer und überall auch Handwerker, die mit viel Liebe und Phantasie Tradition und Originalität verbinden.

Feste, Events und mehr

Fischerfest oder Heiligenkult – getanzt und musiziert wird fast auf jedem Fest

Außer mit vielen Schlemmerfesten füllen die Italiener ihren Sommer mit Musik-, Tanz-, Opern- und Theaterfestivals, klassisch und

Mittelalterlicher Umzug

modern, auf Plätzen, in Kirchen, Palazzi und in den Ruinen antiker Theater. *www.italiafestival.it*
In den Sommermonaten Rock, Pop, Rap in den Städten, in Touristenzentren und auf den *Feste dell'Unità*, den Parteifesten der Exkommunisten in ganz Italien.

Offizielle Feiertage

1. Januar *(Capodanno)*; **6. Januar** *(Epifania)*; **Ostersonntag und -montag** *(Pasqua)*; **25. April** Tag der Befreiung vom Faschismus *(Liberazione)*; **1. Mai** *(Festa del Lavoro)*; **2. Juni** Ausrufung der Republik 1946 *(Proclamazione della Repubblica)*; **15. August** *(Ferragosto)*; **1. November** *(Ognissanti)*; **8. Dezember** *(Immacolata Concezione)*; **25. Dezember** *(Natale)*; **26. Dezember** *(Santo Stefano)*

Lokale Feiertage und Volksfeste

Ostern
Settimana santa (Karwoche): Überall im Süden Italiens finden ergreifende Passionsspiele und Osterprozessionen im Büßergewand und zu Misereregesängen statt, besonders eindrucksvoll in Tarent (Apulien), auf Procida im Golf von Neapel, in L'Aquila und Chieti (Abruzzen). Ein anrührendes Auferstehungsfest am Ostersonntag in Sulmona in den Abruzzen: ★ *La Madonna che Scappa in Piazza*

Mai
🏃 Ein gigantischer Jugendtreff sind **Insider Tipp** die *Rockkonzerte* in Rom auf der Piazza San Giovanni und in Neapel auf der Piazza Plebiscito am 1. Mai.

Insider Tipp *Il Rito dei Serpari* am ersten Maidonnerstag in Cocullo, einem

Bergdorf in den Abruzzen: Dutzende von Schlangen winden sich um die Prozessionsstatue des San Domenico Abate, des Schutzheiligen gegen Schlangenbiss.

Fronleichnam

Infiorata di Corpus Domini, festliche Prozessionen über Blumenteppiche auf den Straßen in Genzano und Bolsena (Latium).

Juni

⭐ *I Gigli* in Nola (Kampanien) am letzten Sonntag: der Tanz acht riesiger, bunter Türme durch die Stadt auf den Schultern der Mitglieder der alten Handwerksgilden zu Ehren des Schutzheiligen San Paolino.
Cavalcata dei Turchi am 29. in Potenza (Basilikata), Reiterfest in Kostümen zu Ehren von San Gerardo, der der Legende nach die Türken besiegt hat.

Juli

⭐ *Madonna della Bruna* in Matera (Basilikata) am ersten Sonntag: Nach der Prozession mit einem riesigen, barocken Festwagen aus Pappmaché reißen die Leute den Wagen in Stücke, eine »Beute«, die Glück bringt.

August

Ferragosto (Mariä Himmelfahrt), Sommerfeiertag der Italiener, die Städte sind ausgestorben, alle am Meer und an den Seen. In den Ferienorten gibt es viele von den Fremdenverkehrsvereinen organisierte Konzerte, Schlemmerfeste, Sportwettkämpfe.

Gli Spinati di San Rocco in Palmi (Kalabrien) am 16.: erschütternde Prozession dornenbehangener Büßer zu Ehren des hl. Rocco.

September

⭐ *Macchina di Santa Rosa* in Viterbo (Latium) am 3.: Auf den Schultern von 120 Männern wird der tonnenschwere, 30 m hohe Prozessionsobelisk als Huldigung an die Stadtheilige durch die Altstadt getragen.
Sagra a Mare in Molfetta (Apulien) am 8.: eines von vielen farbenprächtigen Bootsfesten zur Mariengeburt in den Küstenorten an der Adria.

Zu Fronleichnam: Blumenteppiche

»Haupt der Welt«, Königin der Städte

In Rom und um Rom: der größte Dom, der kleinste Staat, der schönste Park

Es heißt ja, alle Wege führten nach Rom. Dabei sollte man aber Roms Umland, die Region Latium (ital. Lazio), nicht vernachlässigen, hier lohnen zahlreiche Ausflugsziele: Da liegen im Norden die Totenstädte der legendären Etrusker und wunderschöne Badeseen. Im Süden locken nur wenige Kilometer von der Metropole die Castelli Romani, heitere Winzerdörfer an dunklen Krateerseen. Und überall stößt man auf eindrucksvolle mittelalterliche Klosteranlagen. Nicht nur als Pilger findet man dort auch heute noch Unterkunft. In der weiten Ebene im Süden, dem Agro Pontino, trockengelegten Sümpfen, wachsen die Gemüse für die Märkte Roms. Am Meer ist es am schönsten in den Dünen des Circeo und im Golf von Gaeta.

Ein Päuschen in der Sonne: Szene in einem Straßencafé in Rom

zum Haupt der Welt (»caput mundi«) an der Spitze des römischen Imperiums; seit 1600 Jahren Zentrum der Christenheit; seit 1871 Hauptstadt des italienischen Nationalstaats. Und mittendrin der kleinste Staat der Welt, der von der Schweizergarde bewachte, geheimnisumwitterte Vatikan des Papstes. Der unerschütterlichen Langmut der Römer, auch *menefreghismo* (was scherts mich) genannt, ist zu verdanken, dass die Stadt nicht zum Museum erstarrt. Mit dieser Langmut erdulden sie aber auch die Touristen, allen voran Millionen von Pilgern, und den oft mörderischen Verkehr.

Der MARCO POLO Band »Rom« berichtet ausführlich, aus der Fülle der Sehenswürdigkeiten hier eine kleine Auswahl.

ROM (ROMA)

[108–109 C–D 4–5] Was haben diese Stadt (2,6 Mio. Ew.) und ihre Menschen nicht schon alles in ihrer 2500 Jahre währenden Geschichte erlebt: den Aufstieg vom Hirtendorf

Liebstes Sitzmöbel müder Touristen: die Spanische Treppe in Rom

Vom Tempel zur Kirche: Pantheon

peln von Jupiter, Minerva und Juno. Michelangelo gab ihm seine heutige Gestalt. Den eleganten Platz umrahmen Palazzi, er ist Sitz des Stadtrats und der sehenswerten *Kapitolinischen Museen:* hier das smoggefährdete Reiterstandbild Mark Aurels, einst auf dem Platz, und die legendäre Bronzewölfin vom 5. Jh. v. Chr. *Piazza del Campidoglio, Di–So 9–20 Uhr*

Kirchen

Zu den über 200 Kirchen Roms gehören die vier Patriarchatsbasiliken aus den Anfängen des Christentums: *San Giovanni in Laterano (Piazza San Giovanni in Laterano),* die älteste Papstkathedrale von 314. Für die Apostel Petrus und Paulus baute man den *Petersdom* und *San Paolo fuori le Mura (Porta San Paolo),* 4. Jh., im 19. Jh. nach einem Brand neu aufgebaut, mit schönem Kreuzgang; schließlich die eindrucksvolle Marienkirche *Santa Maria Maggiore (Piazza Santa Maria Maggiore),* ebenfalls frühchristlichen Ursprungs, um 430 geweiht. In vielen Kirchen fanden Kapitelle, Säulen, Steine aus antiken Gebäuden Verwendung, das Kolosseum diente den Renaissancebaumeistern sogar als regelrechter Steinbruch.

SEHENSWERTES

Engelsburg (Castel Sant'Angelo)

Einst Mausoleum des römischen Kaisers Hadrian, dann trutzige Festung der Päpste. Im Inneren Salons, Ketzergrüfte und ein Dachcafé. *Lungotevere Castello, Di–So 9–19Uhr*

Forum Romanum

★ Über 1000 Jahre lang das Herz Roms beim mythischen Gründungsort, dem Palatinhügel. Das Forum war Marktplatz und Versammlungsort, religiöses und politisches Zentrum. *Via dei Fori Imperiali, Sommer tgl. 9–18.30, Winter 9–16.30 Uhr*

Kapitol (Campidoglio)

Der Kapitol war der heiligste der sieben Hügel Roms mit den Tem-

Kolosseum (Colosseo)

Wahrzeichen Roms: In dieser riesigen, ellipsenförmigen Arena von 80 n. Chr. konnten sich 70 000 Römer bei Gladiatoren- und Tierkämpfen vergnügen. *Piazza del Colosseo, tgl. 9–16.30 (Winter) bzw. 9–19.30 Uhr (Sommer)*

Pantheon

Dieser Göttertempel (27 v. Chr.), den Kaiser Hadrian 120 n. Chr. erneuern ließ, gilt als besterhaltener antiker Bau. Im Mittelalter zur Kirche umfunktioniert, liegen hier italienische Könige und der Maler Raffael begraben. Abends ist der ⚡ Vorplatz beliebter Treffpunkt der Römer. *Piazza della Rotonda, Mo–Sa 8.30–19.30, So 9–18 Uhr*

Petersdom (San Pietro)

Ins bedeutendste Heiligtum der abendländischen Christenheit, an der Stelle errichtet, an der Petrus begraben liegt, gelangt man über den formvollendeten Platz, den Roms Meister des Barocks Gian Lorenzo Bernini 1667 schuf. Elegant und großräumig umkränzen ihn von 140 Heiligen gekrönte Säulengänge. Am gigantischen Dom, der *Basilica di San Pietro,* größtes Gotteshaus der Welt mit einem Fassungsvermögen von 60 000 Menschen, haben Bramante, Carlo Maderno und Michelangelo gearbeitet, von der ⚜ Kuppel blickt man auf ganz Rom. Im bombastischen Innern unter den vielen Kunstwerken die Pietà des Michelangelo hinter Panzerglas. *Piazza San Pietro, tgl. 7 bis 19 Uhr*

Plätze

Die schönsten: *Campo de' Fiori,* im Mittelalter Rinderweide, auch Hinrichtungsplatz, heute der schönste römische Obst-, Gemüse- und Blumenmarkt; die lang gestreckte *Piaz-*

Säulengänge umkränzen den Petersplatz, Sammelpunkt der Gläubigen

za Navona mit dem prächtigen Barockbrunnen der »Vier Ströme« vom Barockmeister Bernini und ihren blumengeschmückten Terrassen, Kleinkünstlern und Straßencafés; die weiträumige *Piazza del Popolo,* die Michelangelo und Bernini mitgestalteten, die dann im 19. Jh. klassizistisch aufgemöbelt wurde und über der sich die ◀▶ Gärten des Monte Pincio ausdehnen. Schließlich die ◀▶ 🏃 *Scalinata Trinità dei Monti,* die ausladende Spanische Treppe an der *Piazza di Spagna,* liebstes Sitzmöbel müder Touristen und internationaler Jugendtreff, ein päpstliches Bauprojekt von 1723 als Aufgang zur Kirche *Trinità dei Monti.*

Trastevere
Verwinkeltes, malerisches Viertel in der Tiberschleife, einst von Arbeitern und Handwerkern bewohnt, heute von Künstlern, Schickeria

und betuchten Ausländern bevölkert. Die Hauptkirche des Viertels, *Santa Maria in Trastevere,* ist eine der ältesten Marienkirchen Roms (3. Jh.), ihre 🏃 *Piazza* ein beliebter Treffpunkt junger Leute.

Via Appia Antica/Katakomben
Wie die wichtigste Straße des römischen Weltreichs gen Süden einmal ausgesehen haben mag, kann man im *Archäologischen Park* am südöstlichen Rand Roms erkennen, zu dem die unterirdischen Totenstädte, die Kalixtus-, Sebastian- und die weitläufigen Domitilla-Katakomben, gehören. *Alle 8.30–12 und 14 bis 17 Uhr; Domitilla Di, San Callisto Mi, San Sebastiano So geschl.*

MUSEEN

Centrale Montemartini
Eine Auswahl antiker Skulpturen aus dem Bestand der Kapitolini-

Insi Tip

schen Museen bildet einen reizvollen Kontrast zur Kulisse dieses alten Elektrizitätswerks. *Via Ostiense 106, Di–So 9.30–19 Uhr*

Galleria Borghese

Die Villa im beliebten 🏃 Stadtpark der Römer beherbergt die schönsten Statuen von Barockmeister Gian Lorenzo Bernini und die überreiche Gemäldesammlung des Kardinals Scipione Borghese (300 Bilder, darunter Werke von Tizian, Rubens, Raffael, Caravaggio). *Parco Villa Borghese, Via Pinciana, Di–So 8.30 bis 19 Uhr, Besuch anmelden: Tel. 06 32 81 01, www.galleriaborghese.it*

Museo Nazionale Romano

Die reiche Kunst der Antike verteilt sich auf verschiedene Ausstellungsorte: *Palazzo Massimo (Largo di Villa Peretti 1), Palazzo Altemps (Piazza Sant'Apollinare 44), Crypta Balbi (Via delle Botteghe Oscure 31), Terme di Diocleziano (Viale De Nicola 79), Aula Ottagonale (Via Romita 8);* außerdem die Ausgrabungen der grandiosen Kaiservilla *Domus Aurea* beim Kolosseum *(voranmelden unter Tel. 06 39 96 77 00, Di geschl.). Alle übrigen Di–So 9–19.45 Uhr*

Vatikanische Museen

⭐ Mit 14 Museen beherbergt der Vatikan den größten Museenkomplex der Welt. Besonders sehenswert die von Raffael ausgemalten Arkaden der so genannten *Stanzen,* die größte Sammlung antiker Originalskulpturen der Welt im *Museo Pio Clementino* und die *Pinakothek* mit Werken von Giotto, da Vinci, Caravaggio u. a. In der ⭐ *Sixtinischen Kapelle* erstrahlt restauriert die »Schöpfungsgeschichte« des Michelangelo (1508 bis 1512) in bunter Farbenpracht von den Decken der Kapelle. Nach der Plünderung Roms durch Karl V. im Jahr 1527 erhielt Michelangelo erneut den Auftrag, in der Kapelle zu malen, diesmal das düstere »Jüngste Gericht« an der Altarwand. *Haupteingang Viale del Vaticano, Mitte März–Okt. Mo–Fr 8.45–16.45, Sa 8.45–13.45 Uhr, Nov.–Mitte März Mo–Sa 8.45–13.45 Uhr, letzter So im Monat 8.45–13.45 Uhr freier Einlass*

ESSEN & TRINKEN

Cafés

Weltberühmt ist das *Antico Caffè Greco (Via Condotti 86);* besonders bequem sitzt man im *Ciampini (Via Fontanella Borghese 59);* beste Verwöhnadresse zum Brunch, zum Tee, zum Aperitif ist die *Bar Stravinskij* im Luxushotel de Russie *(Via del Babuino 9);* Bohemeflair umgibt einen im neuen Café im ehemaligen Atelier des berühmten Bildhauers Antonio Canova: *Atelier Canova Tadolini (Via del Babuino 150 a).* **Insider Tipp**

Gusto

Lockerer Treffpunkt mit Speiselokal, Weinbar und Verkauf von Kulinarischem, Küchenutensilien, Kochbüchern unweit der Piazza di Spagna. *Piazza Augusto Imperatore 9, Tel. 063 22 62 73, tgl., €–€€*

La Pergola

Roms traumhafte Topadresse für Gourmets im 🔪 Dachgeschoss des Hotels Cavalieri Hilton unter der Ägide des deutschen Kochs Heinz Beck. *So/Mo und mittags geschl., Via A. Cadlolo 101, Tel. 063 50 91, €€€*

Mondäne Modemeile: Via Condotti

Da Sergio
Römischer gehts kaum: unweit des Campo de' Fiori eine handfeste, auch bei Römern beliebte Trattoria, im Sommer zum Draußensitzen. *Vicolo delle Grotte 27, Tel. 066 86 42 93, So geschl., €*

EINKAUFEN

Die feinste Mode gibts auf der *Via Condotti* und den Nebenstraßen an der *Piazza di Spagna,* Mode für junge Leute auf der *Via del Babuino* und der *Via del Corso.* An der *Porta Portese* in Trastevere ist sonntags Flohmarkt.

ÜBERNACHTEN
Bed & Breakfast
Als Alternative zu den teuren Hotels bieten sich in den letzten Jahren zahlreiche B-&-B-Lösungen an: *Tel. 066 14 83 88, www.bb-roma.it;*

Tel./Fax 066 87 45 13, www.beb centerofrome.it; www.bedandbre akfastroma.com

Pensione Barrett
Eine besonders freundliche Frühstückspension, ideal mitten im Zentrum gelegen. *20 Zi., Largo Torre Argentina 47, Tel. 066 86 84 81, Fax 066 89 29 71, €–€€*

Celio
Ein kleines Juwel direkt beim Kolosseum. *20 Zi., Via dei Santi Quattro 35 c, Tel. 06 70 49 53 33, Fax 067 09 63 77, www.hotelcelio. com, €€€*

Nardizzi Americana
Sympathische kleine Herberge mit Dachterrasse, unweit des Hauptbahnhofs. *18 Zi., Via Firenze 38, Tel. 064 88 00 35, Fax 06 48 80 03 68, www.hotelnardizzi.it, €€*

AM ABEND

Zum Aperitif trifft man sich auf dem *Campo de' Fiori,* abends auch in den Cafés beim *Pantheon* und an der *Piazza Navona,* alternative Musikclubs gibts am *Monte Testaccio,* Studentenkneipen und Pubs im Viertel *San Lorenzo.* Ein Musikabend (Klassik und Pop) lohnt im neuen, von Renzo Piano erbauten *Auditorium (Viale Pietro de Coubertin 30, Tel. 06 80 24 11, www.audi toriumroma.com). Estate Romana* heißt das sommerliche (Freiluft-)Kulturprogramm. Veranstaltungskalender »Roma c'è« am Kiosk.

AUSKUNFT

Fragen Sie nach der *Archeologia Card,* die für 20 Euro sieben Tage lang freien Eintritt in viele Museen und Sehenswürdigkeiten gewährt. *Bahnhof Stazione Termini, Tel. 06 48 90 63 00; Via Parigi 5 (Piazza della Repubblica); überall im Zentrum Infopoints; www.romaturismo. com; Callcenter für touristische Infos Tel. 06 36 00 43 99*

ZIELE IN DER UMGEBUNG

Abtei Montecassino   [113 D2]

Bei Cassino 130 km südöstlich liegt diese 529 von Benedikt von Nursia gegründete älteste benediktinische Klosteranlage, die, 1944 zerbombt, originalgetreu wieder aufgebaut wurde.

Castelli Romani   [109 D5]

Seit Jahrtausenden kommen die hitzeschweren Römer in dieses grüne Bergland der 🌋 *Colli Albani* aus erloschenen Vulkanen im Südosten Roms (15 km), um sich an seinen schönen Kraterseen *Lago Albano* und *Lago di Nemi* und in den Tavernen der Burgdörfer, der *Castelli,* am süffigen Weißwein Frascati zu erfrischen. Dazu isst man *porchetta,* kalte Scheiben gewürzten, gegrillten Schweinefleischs. Sogar der Papst verbringt den Sommer in *Castel Gandolfo.* Viele der Burgen und Dörfer sind auf antiken Siedlungsresten erbaut, so etwa *Albano Laziale* auf dem Sommersitz des Kaisers Domitian – hier auch das *Grabmal der Horatier und Kuriatier,* ein mächtiges spätrömisches Monument. In *Ariccia* ist vor allem die von Bernini gestaltete barocke Piazza sehenswert. Eine der Hauptsehenswürdigkeiten ist die auf den Ruinen einer römischen Villa erbaute *Abtei San Nilo* in *Grottaferrata,* wo der Basiliusorden Messen nach griechisch-orthodoxem Ritus abhält. *Frascati* ist seit jeher das beliebteste Castello, wie seine prächtigen Villen zeigen, z. B. die barocke *Villa Aldobrandini* inmitten eines italienischen 🌋 Gartens. Herrlich sitzt es sich zu guten lokalen Weinen und schmackhafter Küche auf der Terrasse des beliebten Ausflugslokals *Zarazà (So-Abend und Mo geschl., Viale Regina Margherita 45, Tel. 069 42 20 53, €).* Auf einer Hochfläche 5 km von Frascati liegen die Ruinen der uralten latinischen Stadt *Tusculum* (6. Jh. v. Chr.).

Ciociaria   [109 E–F5]

Hat man erst einmal die industrialisierte und zersiedelte Ebene im Südosten Roms überwunden, lohnen rund 80 km südöstlich drei hübsche, uralte 🌋 Städtchen in der Hügellandschaft Ciociaria einen Besuch: *Anagni* mit seiner herrlichen romanischen *Kathedrale,* in deren Krypta der am besten erhaltene Freskenzyklus des 13. Jhs. in Italien überrascht, diente den Päpsten als Zuflucht vor den Turbulenzen Roms. Im prärömischen *Ferentino* treffen römische, romanische und gotische Bauten aufeinander. *Alatri,* ebenfalls weit vor der Eroberung durch die Römer entstanden und von dicken Mauern aus dem 4. Jh. v. Chr. eingefasst, wird von der besterhaltenen *Akropolis* Italiens beherrscht. Die *Kirche Santa Maria Maggiore* birgt eine sehenswerte romanische Madonna aus bemaltem Holz (12. Jh.).

    Unter den vielen guten Restaurants der Gegend eine Spitzenadresse in *Acuto: Le Colline Ciociare (Via Prenestina 27, Tel. 077 55 60 49, So-Abend, Di-Mittag und Mo geschl., €€€).*

Insider Tipp

Circeo [112 A–B3]

100 km südlich ein seen- und waldreicher Naturpark, der aus der Ebene des Agro Pontino kommend sich unterhalb Latinas bis auf die bergige ✹ *Landzunge Monte Circeo* erstreckt, wunderschön von hier der Blick aufs Meer. Bei *San Felice Circeo* finden sich *Ruinen* einer römischen *Akropolis,* an der Spitze der Landzunge die Grotte der Zauberin Circe, die der Gegend ihren Namen gab, und längs der Küste die großen, fisch- und vogelreichen Seen wie der *Lago di Sabaudia.* Bei Sabaudia und San Felice gibt es die schönsten *Sandstrände.* Die Zisterziensermönche hatten im 13. Jh. mit der Trockenlegung der Sumpflandschaft begonnen; sehenswert ist ihr schöner gotischer Klosterkomplex *Abbazia di Fossanova.*

Gaeta und Pontinische Inseln [112 C3]

Dem ✹ Monte Orlando, dem weit ins Meer hineinragenden Zipfel der graukalkigen Monti Aurunci, die hier auf halber Strecke zwischen Rom und Neapel an die Küste drängen, ist eine kleine Halbinsel mit der malerischen Altstadt von ✹ *Gaeta* (24 000 Ew.) vorgelagert. Vom nahen Formia im Golf starten die Fährschiffe (wie auch von Terracina und von Anzio weiter nördlich) zu den ✹ ⚓ Isole Pontine *Ponza, Palmarola* und *Ventotene* aus von mediterranem Buschwald bedecktem Vulkantuff. Letztere ist unter Feinschmeckern für ihre kleinen Linsen berühmt. Römische Siedlungsreste, pastellfarbene Fischerhäuser, ein paar Hotels und Restaurants – ein (Taucher-)Paradies und der heiße Tipp unter römischen Sommerfrischlern.

Lago di Bolsena [108 B1–2]

Gut 100 km nördlich von Rom liegt der größte Kratersee Italiens, von hübschen mittelalterlichen Städtchen, Weinbergen und Olivenhainen umgeben, ist vor allem unter deutschen Campingfreunden beliebt. *Bolsena* (4000 Ew.), der Hauptort am See, war 1263 Schauplatz des so genannten Eucharistischen Wunders, Anlass zur Einführung des Fronleichnamsfestes (alljährlich mit prächtiger Blumenprozession gefeiert) und zum Bau einer der schönsten Kirchen Italiens, des Doms im nahen Orvieto. In Bolsena selbst birgt der romanische *Dom* die *Wunderkapelle* und das *Grottenheiligtum* der Schutzpatronin Cristina. In *Montefiascone* überrascht die romanische Doppelkirche San Flaviano. Von *Capodimonte* im Süden starten Bootsfahrten zu den verwunschenen Seeinseln. Eine spektakuläre Erosionslandschaft tut sich im Nordosten des Sees auf bei ✹ *Civita di Bagnoregio,* einem auf einem Tufffelsen von Abstürzen bedrohten Dorf. Im hübschen alten *Bagnoregio* können Sie im kleinen Charmehotel *Romantica Pucci (8 Zi., Piazza Cavour 1, Tel./Fax 07 61 79 21 21, www.hotelroman ticapucci.it, €€)* übernachten und gut essen.

Lago di Vico [108 B–C3]

Der landschaftlich vielleicht schönste See im Latium ist der von Vulkanhügeln umkränzte, unter Naturschutz gestellte Lago di Vico rund 60 km nordwestlich von Rom. Im nahen *Caprarola* die eindrucksvolle manieristische ✹ Palastanlage *Palazzo Farnese (tgl. 9 Uhr–1 Std. vor Sonnenuntergang).* Ausflüge lohnen auch das etruskische *Sutri* mit Am-

In der Totenstadt Cerveteri: sehenswerte Hügelgräber der Etrusker

phitheater und *Kapelle* in Tuffstein und das mittelalterliche *Civita Castellana* mit schönem *Dom* und der romantischen Ruinenlandschaft der alten Stadt *Falerii Novi* (241 v. Chr.).

Nekropolen der Etrusker

★ Zwischen Tiber, Arno und Tyrrhenischem Meer erstreckte sich einst das Kernland der legendären Etrusker, die riesige, kostbar ausgestattete Totenstädte hinterließen. Die vielleicht bedeutendste Etruskerstadt war Tarxna, heute *Tarquinia* **[108 A3]**: *Museo Etrusco (Di–So 8.30–19.30 Uhr)* im *Palazzo Vitelleschi* (schöner Gotik- und Renaissancebau) und in der *Necropoli Etrusca (4 km nach Osten, Di–So 9 Uhr–1 Std. vor Sonnenuntergang)* Grabkammern mit Wandgemälden voller Jagdszenen, Tänze, Feste, Fabelwesen. In *Cerveteri* **[108 B4]** weiter südlich in Küstennähe finden sich in der *Necropoli di Banditaccia (Di–So 9 Uhr–1 Std. vor Sonnenuntergang)* hügelartige *Tumuli-*

Gräber. Etruskische Terrakottaskulpturen zeigt das *Museo Etrusco (Di–So 9–19 Uhr)* in *Tuscania* **[108 B2]**, einem hoch auf einem Tufffelsen gelegenen Städtchen im Norden Latiums mit zwei sehenswerten Kirchen. Eine weitere Etruskerstadt ist *Vulci* **[108 A2]** mit dem *Museo Etrusco (Di–So 9–19 Uhr)* in einer mittelalterlichen Abtei.

Ostia Antica   **[108 C5]**

★ Eine riesige antike Hafenstadt (Baubeginn im 4. Jh. v. Chr.) an der Tibermündung 25 km südwestlich von Rom. Im *Theater* mit 2700 Plätzen und einer ausgezeichneten Akustik finden im Sommer Theateraufführungen statt. Ein Höhepunkt sind die Mosaiken der *Thermen*. Der heutige Seeort ist ziemlich chaotisch, doch es gibt gepflegte Strandbäder, und die Wasserqualität ist in letzter Zeit besser geworden. Besser noch fährt man zum beliebten Badeort *Fregene* im Norden oder nach *Tor Vaianica* 20 km weiter südlich.

Die Küste des Latium, zum größten Teil flach und sandig, ist mit Hotels und Ferienwohnungen schier lückenlos zugepflastert.

Palestrina [109 E5]

Telegono, Sohn des Odysseus und der Circe, soll ⚓ Praeneste, eine der ältesten Städte des Latium 40 km östlich von Rom, gegründet haben. Von mittelalterlichen Gebäuden umlagert, finden sich die Reste eines der Göttin Fortuna geweihten Tempels. Von hier oben hat man einen phantastischen Blick auf die Albaner Berge und die Monti Lepini. Sehenswert das *Museo Nazionale Archeologico Prenestino (Piazza della Cortina 1, tgl. 9–19 Uhr)*. Einer der besten Köche im Latium kocht im 8 km entfernten *Labico* in der *Vecchia Osteria Antonello Colonna, Via Casilina km 38, Tel. 069 51 00 32, So-Abend und Mo geschl., €€€*.

Sperlonga [112 B3]

130 km südöstlich Roms wartet der Küstenort mit einem malerischen Ortskern überm Meer und dem schönen Strand *Spiaggia Angelo* auf. Im *Museo Archeologico (tgl. 8.30 bis 19.30 Uhr)* sind Reste von hellenistischen Skulpturengruppen aufbewahrt, die einst die zum Meer geöffnete Tiberius-Grotte schmückten.

Subiaco [109 E4]

70 km östlich hatte sich Nero eine grandiose Villa errichten lassen und eine künstliche Wasserlandschaft angelegt. Vier Jahrhunderte später gründete Benedikt von Nursia hier den Benediktinerorden. Zwei eindrucksvolle Klosteranlagen zeugen davon: das *Monastero di Santa Scolastica*, vor allem aber das benediktinische Stammkloster ★ *Monastero di San Benedetto* voll kostbarer Fresken. *Tgl. 9–12.30 und 15–18 Uhr*

Tivoli [109 D4]

★ Kleine römische Tempel, vor allem aber die Villen und Gärten römischer Kaiser und katholischer Kirchenfürsten lohnen den Besuch von Tivoli. Der lebenslustige Kardinal Ippolito d'Este ließ hier, 30 km östlich von Rom, seinen Renaissancepalast *Villa d'Este* inmitten

Die Dudelsackpfeifer

Die Renaissance eines alten Hirteninstruments

Durchs Latium, die Abruzzen und Molise zogen früher die großen Schafherden, es war das klassische Land der Hirten. Traditionelles Musikinstrument der Hirten ist die *zampogna* mit dem Klangsack aus Ziegen- oder Schafhaut. Alljährlich treffen sich die Dudelsackpfeifer Ende Januar zum gemeinsamen Spiel im Dorf Maranola über dem Golf von Gaeta. In Molise trifft man sich Ende Juli zum Dudelsackfestival im Dorf Scapoli, wo sich mehrere Werkstätten auf den Bau des Dudelsacks spezialisiert haben. Und die Attraktion zur Weihnachtsfeier auf dem Petersplatz in Rom sind virtuose *zampognari*-Gruppen aus Latium, Abruzzen und Molise.

Ein Terrassengarten mit phantastischen Wasserspielen: Villa d'Este in Tivoli

eines großen italienischen  Terrassengartens mit phantastischen Wasserspielen errichten, der als die schönste Parkanlage Italiens gilt *(Di–So 9 Uhr–1 Std. vor Sonnenuntergang)*. Auch im Garten der päpstlichen *Villa Gregoriana* sind eindrucksvolle Wasserfälle zu bewundern *(Di–So 9 Uhr–1 Std. vor Sonnenuntergang)*. 5 km außerhalb legte Kaiser Hadrian (76–138) seinen größenwahnsinnigen Landsitz an, die größte je gebaute römische Villa: verschiedene Paläste, Tempel, Thermen, Theater *(Villa Adriana, tgl. 9 Uhr–1 Std. vor Sonnenuntergang)*. Ein empfehlenswertes Lokal in Tivoli: *Antica Hostaria dei Carrettieri, Via D. Giuliani 55, Tel. 07 74 33 01 59, Mi geschl.,* €

Viterbo [108 B2]
★ Das 90 km nördlich gelegene Viterbo (58 000 Ew.) mit seinem intakten mittelalterlichen Zentrum ist eine besonders schöne Stadt in Latium mit etruskischem Ursprung. Herz der Altstadt ist die *Piazza del Plebiscito,* Zentrum der weltlichen Gewalten mit dem *Palazzo dei Priori* (15. Jh., mit schönem Innenhof, Brunnen und Fresken) und dem *Palazzo del Podestà* (13. Jh., Turm aus dem 15. Jh.). Noch eindrucksvoller ist die *Piazza San Lorenzo,* das geistliche Zentrum Viterbos, mit der *Kathedrale San Lorenzo* (12. Jh.) mit Renaissancefassade und dem *Palazzo Papale* (13. Jh.) mit herrlicher Loggia. Das *Museo Civico* im ehemaligen Kloster *Santa Maria della Verità* zeigt Schätze aus den etruskischen Totenstädten um Viterbo *(Di–So 9–19 Uhr)*. Ein komfortables, geschmackvolles Hotel mit Zugang zu Thermalanlagen ist *Niccolò V Terme dei Papi (23 Zi., Strada Bagni 12, Tel. 07 61 35 01, Fax 07 61 35 24 51, www.termedeipapi.it,* €€€ *)*. 20 km nordöstlich in *Bomarzo* lohnt der faszinierend-groteske, barocke *Parco dei Mostri (tgl. 8 Uhr–Sonnenuntergang).*

Von den höchsten Gipfeln zum Stiefelabsatz

Kastelle, Türme und Kirchen bewachen die Küste

An die südliche Adriaküste grenzen drei Regionen: die zentralen Abruzzen (ital. Abruzzo) mit ihrer grandiosen Bergwelt, in der sich der Apennin zu seinen höchsten Höhen aufschwingt: 2914 m erreicht der Gipfel des Gran Sasso d'Italia (»der große Fels Italiens«), mit hübschen Städten in den Bergen wie L'Aquila, Sulmona, Chieti und mit regem Badeleben längs der Küste. Südlich schließt sich das Molise an, einsam, bergig, dünn besiedelt, aber das schon seit Ewigkeiten: Neben Ruinen alter Römerstädte finden sich hier sogar menschliche Siedlungsspuren, die Hunderttausende von Jahren zurückreichen. Zuletzt Apulien (ital. Puglia), die reichste Region Süditaliens, daher auch »Norden des Mezzogiorno« und Bari, die Hauptstadt, »Mailand des Südens« genannt – ausführliche Informationen zum Stiefelabsatz finden Sie im MARCO POLO Band »Apulien«.

Apulien beginnt mit dem Stiefelsporn, der felsigen Halbinsel Gargano, schönster Küstenflecken an der gesamten Adria, der sich ins Landesinnere zum flachen Tavoliere senkt, nach der Poebene im Norden die zweitgrößte Ebene Italiens und seine Kornkammer. Dem schließt sich die Hügellandschaft Murge an, unterirdisch verkarstet, mit spektakulären Schluchten (bei Gravina in Puglia), Grotten (im Mittelalter Behausungen und Kirchen), atemraubenden Tropfsteinhöhlen und nicht zuletzt den weißen, kegelförmigen *trulli*, dieser eigentümlichen Bauernarchitektur. Schließlich Italiens Absatz, der Salento mit dem barock verschnörkelten Lecce als Zentrum, voller Olivenhaine, Tabakfelder, weißer Landarbeiterdörfer und orientalisch anmutender Küstenstädtchen, an seiner Ostküste von der Adria umspült, längs der Westküste vom Ionischen Meer. Zu dem hin öffnet sich der Golf von Tarent, der antiken Griechengründung und heute Industriezentrum.

Vor Piraten- und Sarazenenüberfällen und dem Islam wurde Apulien wie eine Festung gesichert: Längs der Küste stehen zahllose Wachtürme aus der Zeit der Spanier, mächtige Kastelle in jeder zum Meer gerichteten Küstenstadt; daneben das christliche Gotteshaus

Die »trulli« – so skurril wie ihr Name

Baris romanische Kathedrale San Sabino: ein imposanter dreischiffiger Bau

aus der Normannenzeit in byzantinischer Romanik, dieser so eindrucksvollen Kirchenarchitektur.

BARI

[118 A1] Wenn Sie Lust auf Stadt haben – immerhin ist Bari nach Neapel die größte Süditaliens und wie diese direkt am Meer gelegen –, dann ist die Kapitale der Region Apulien genau das Richtige. In den letzten Jahren hat sich einiges getan, es wurde restauriert und verkehrsberuhigt. Neben den berühmten alten Kirchen und Kastellen lohnt der Besuch wegen der Altstadt, der *città vecchia,* die sich auf einer Landzunge ins Meer schiebt: ein lebhaftes Gassenlabyrinth, das man ohne Fotoapparat und Schmuck und nur mit dem nötigen Kleingeld betreten sollte – dann kann eigentlich nichts schief gehen.

Schon unter den Byzantinern war Bari das Handelsfenster zum Orient, und heute findet hier alljährlich im September die größte Verkaufs- und Produktmesse des Mittelmeerraums statt, die Fiera del Levante. Landeinwärts der Altstadt, jenseits des Corso Vittorio Emanuele II, beginnt die schachbrettartig angelegte Neustadt (19. Jh.) mit Hotels, Bürgerhäusern und eleganten Ladenstraßen. Zum Café und zum Aperitif trifft man sich auf der *Piazza del Ferrarese* oder am Lungomare im *Caffè Sotto il Mare (Mo geschl., Viale Venezia 16),* die *Via Sparano* in der Neustadt ist die beste Shoppingmeile.

An die Neustadt schließt sich die chaotische Peripherie der Industrieanlagen und Mietskasernen an. Im Verlauf des 20. Jhs. hat sich Baris vordem bescheidene Einwohnerzahl auf knapp 320 000 fast verzehnfacht.

SEHENSWERTES

Basilika San Nicola
In der Altstadt: der Urtyp der romanisch-apulischen Kirche (11./12. Jh.) mit wunderbaren mittelalterlichen Steinmetzarbeiten am Nordportal und an den Kapitellen. Unter der Kirche tragen 26 Säulen die Krypta mit den Gebeinen des hl. Nikolaus aus Myra, Schutzpatron Baris. Nach ihm ist auch das architektonisch atemraubende Fußballstadion benannt. *Piazza Elia, tgl. 7 bis 12.30 und 16–19.30 Uhr*

Kathedrale San Sabino
Auch die stattliche dreischiffige Kathedrale ist apulisch-romanisch, mit reich geschmücktem Altarüberbau und Bischofsstuhl. *Piazza Odegitria, tgl. 8–12.30 und 16–19 Uhr*

Stauferkastell
Gewaltige Wehranlage, von Friedrich II. aus byzantinisch-normannischer Vorgängerbastion gestaltet; heute Ausstellungen u. a. von zeitgenössischer Kunst. *Piazza Federico II di Svevia, Di–So 8.30–19.30 Uhr*

MUSEUM

Pinacoteca Provinciale
Bedeutende Sammlung, u. a. süditalienische Meister aus dem 16.–18. Jh. *Lungomare Nazario Sauro 27, Di–Sa 9.30–13 und 16–19, So 9–13 Uhr*

ESSEN & TRINKEN

Caffé Batafobrle/ Restaurant Terranima
In der Neustadt ein gemütliches Restaurant mit exzellenter Lokalkü-

---

MARCO POLO Highlights
»Die südliche Adria«

★ **balze**
Bei Atri versteinerte, tief in die Apenninhänge geschnittene Erosionsfurchen (Seite 50)

★ **Barockfassaden**
Aus weichem Tuff schnitten die Steinmetzen in Lecce üppiges Zierwerk (Seite 52)

★ **Castel del Monte**
Das achteckige Lieblingskastell von Stauferkaiser Friedrich II. (Seite 42)

★ **Kathedrale San Nicola Pellegrino**
In Trani steht die Königin unter den apulisch-romanischen Kathedralen (Seite 44)

★ **Mosaikfußboden des Doms von Otranto**
Bilderreigen aus Millionen von Steinchen (Seite 53)

★ **Parco Nazionale d'Abruzzo**
Hier geben sich Bären und Wölfe ein Stelldichein (Seite 50)

★ **Santa Maria di Collemaggio**
Die prachtvollste Kirche der Abruzzen in L'Aquila (Seite 48)

★ **Alberobello**
Eine Stadt aus kreisrunden, weißen Häuschen mit schwarzen Kegeldächern (Seite 44)

che, halb ländliche Trattoria, halb Bistro. Dazu ein Café für süße Köstlichkeiten und Aperitifs. *Via Putignani 213, Tel. 08 05 21 97 25, So-Abend geschl.,* €

Osteria delle Travi

Eine handfeste Trattoria in der Altstadt. *Largo Chiurlia 12, Tel. 33 91 57 88 48, So-Abend und Mo geschl.,* €

ÜBERNACHTEN

Adria

Ordentliches, renoviertes Hotel beim Hauptbahnhof. *35 Zi., Via L. Zuppetta 10, Tel. 08 05 24 66 99, Fax 08 05 21 32 07, www.adriahotelbari.com,* €

Palace

Erstes Hotel am Platz mit dem guten Restaurant *Murat (So geschl.,* €€ – €€€ *),* ideal gelegen zwischen Zentrum und Altstadt. *197 Zi., Via Lombardi 13, Tel. 08 05 21 65 51, Fax 08 05 21 14 99, www.palacehotelbari.it,* €€€

AUSKUNFT

Piazza Aldo Moro 32, Tel. 08 05 24 22 44, Fax 08 05 24 23 29

ZIELE IN DER UMGEBUNG

Bitonto [117 F1]

Nur 15 km westlich von Bari liegt über der Schlucht des Sturzbachs Tiflis, einer so genannten *gravina,* dieses alte Städtchen mit der imposanten Kathedrale *San Valentino* aus dem 13. Jh., einem besonders reinen Beipiel apulisch-romanischer Kirchenarchitektur.

Castel del Monte, Canosa di Puglia und Ruvo di Puglia [117 D–E1]

★ 🎺 Schon von weitem sieht man die 50 km westlich gelegene »Krone Apuliens«, das achteckige Kastell mit acht Türmen, acht In-

Acht Ecken, acht Türme und acht Innenräume: Castel del Monte

nenräumen, achteckigem Innenhof, auf einer Anhöhe über den Murge. Einst war das heute spartanische Kastell, Jagdschloss (gebaut 1240 bis 1250) des Stauferkaisers Friedrich II. in der damals noch dicht bewaldeten Gegend, reich mit Marmor und byzantinischen Mosaiken verziert. Esoterisch-geheimnisvoll mutet der eigenartige Bau an. *April bis Sept. tgl. 10–20, Okt.–März 9 bis 18.30 Uhr*

Canosa di Puglia (31 000 Ew.) 30 km weiter nordwestlich, einst eines der ersten christlichen Bistümer Apuliens, ist mit einer besonders schönen, uralten Kathedrale (11. Jh.) ausgestattet: Achten Sie auf den Bischofsthron hinter dem Altar, der von zwei Elefanten getragen wird, und auf das Mausoleum des Bohemund, Sohn des Normannenherrschers Robert Giscard, mit kostbarer Bronzetür. Auf dem Weg nach Andria liegt im Ortsteil Montegrosso eine besondere Unterkunft ganz im Zeichen von Bio und Feng-Shui, die *Masseria Lama di Luna (9 Zi., Tel. 08 83 56 95 05, Fax 08 83 59 11 87, www.lamadiluna.com, €€)*.

In *Ruvo di Puglia*, von Castel del Monte 15 km gen Osten gelegen, schaut man sich die prächtig ausgestattete staufische Kathedrale aus dem 13. Jh. inmitten der attraktiven Altstadt sowie das interessante *Museo Nazionale Jatta (Piazza Bovio 35, tgl. 8.30–13.30, Sa auch 14.30–19.30 Uhr)* mit einer außergewöhnlichen Sammlung von erstaunlich gut erhaltenen italogriechischen Vasen an. Zur Einkehr empfiehlt sich in Ruvo das Restaurant *U.P.E.P.I.D.D.E. (Via Sant'Agnese 2, Tel. 08 03 61 38 79, Mo geschl., €–€€)*.

Küste **[118 B–C 1–2]**

Längs der Küste von Bari nach Brindisi trifft man auf zahlreiche besuchenswerte Städtchen wie den malerischen Fischereihafen *Mola di Bari* oder das kühn auf einem Felsen überm Meer liegende *Polignano a Mare*. An einer der wenigen Sandbuchten liegt das Hotel *Castellinaria (32 Zi., Cala San Giovanni, Tel./Fax 08 04 24 02 33, www.hotelcastellinaria.it, €€–€€€)*. Dann die Hafenstadt *Monopoli* mit *Kastell* und schönen Kirchen (z. B. die romanische Basilika *Santa Maria degli Amalfitani* und die barocke *Kathedrale*) und 10 km südlich die sehenswerte Ausgrabungsstätte von *Egnazia*, einer Stadt der Messapier, eines antiken apulischen Volksstammes.

Tarent (Taranto) **[118 B4]**

Wer sich der Stadt 120 km südlich am Ionischen Meer nähert, muss zunächst einmal den grauenhaft rußigen Industriegürtel der Stahlfabriken Tarents (245 000 Ew.) durchdringen. Wer nach Spuren von Taras sucht, vor 2500 Jahren eine reiche und hoch entwickelte Handelsstadt der Magna Graecia, dem sei ein Besuch des hervorragenden *Museo Archeologico Nazionale* empfohlen. Höhepunkt sind die antiken Gold- und Silberschätze *(Corso Umberto 141, wird zzt. restauriert, eine Auswahl sieht man im Palazzo Pantaleo in der Altstadt, Largo San Domenico, tgl. 8.30–19 Uhr)*. Die Altstadt mit *Kastell* und einem *Barockdom* romanischen Ursprungs liegt auf einer Insel in der Lagune Mare Piccolo.

Trani **[115 E4–5]**

Ihren Ruhm unter den Küstenstädten 40 km nordwestlich auf halber

Trulli in Alberobello: von der Bauern- oder Hirtenkate zur Ferienunterkunft

Strecke zwischen Bari und dem Gargano (weitere sind *Barletta* mit schöner *Kathedrale* und der gigantischen byzantinischen Königsstatue *Koloss von Barletta* und *Molfetta* mit *Dom* und pittoresker Altstadt) verdankt Trani (45 000 Ew.) seiner hellen, normannisch-romanischen ★ ✹ Kathedrale *San Nicola Pellegrino*. Der dreischiffige Säulenbau mit überaus kunstvollen Steinmetzverzierungen und schönem Bronzeportal liegt einzigartig überm Meer. Direkt am Wasser liegt auch das *Stauferkastell*. An der lebhaften Uferpromenade isst man auf der Terrasse des *Lampare (Di geschl., Lungomare Colombo 50, Tel. 08 83 48 03 08, €€)* leckere Fischgerichte. Ein einfaches, geräumiges Hotel zwischen Stadtpark und Meer ist das *Albergo Lucy (18 Zi., Piazza Plebiscito 11, Tel. 08 83 48 10 22, info@albergolucy. com, €)*.

Trulli-Gebiet um Alberobello [118 B–C 2–3]

Diese einzigartigen Hirten- und Bauernhäuser, rund, weiß, aus Trockenmauerwerk mit dunklen Kegeldächern zwischen Olivenhainen, Mandelbäumen und Weinreben, finden sich im Herzen Apuliens, in der weiten Senke des Itriatals zwischen den Hügeln der Murge, wo sie mit ★ *Alberobello* (10 000 Ew.) eine regelrechte Stadt bilden. Einige *trulli*-Häuser sind heute zu Hotels und Ferienwohnungen umfunktioniert worden, zu mieten z. B. über *Trullidea (Alberobello, Via Monte Nero 23, Tel. 08 04 32 38 60, www.trullidea. com, € – €€)* oder bei *Valle dei Trulli (Locorotondo, Via Madonna della Catena 44 b, Tel. 08 04 31 00 98, www.valledeitrulli.it, € – €€)*. Mitten im Touristenrummel Alberobellos eine gutes Lokal mit schmackhafter Küche: *La Cantina (Vico Lippolis 9, Tel. 08 04 32 34 73, Di geschl., €)*.

In der Nähe, über der Talsenke des Itria, erhebt sich das charmante ✹ Barockstädtchen *Martina Franca* (im Juli/Aug. renommierte Musikfestspiele). Unterkunft in 44 geschmackvollen Wohnungen in der

Altstadt bietet *Villaggio In (Via Arco Grassi 8, Tel. 08 04 80 59 11, Fax 08 04 80 50 17, www.villaggioin. it, € – €€).* Der Ort (45 000 Ew.) eignet sich gut als Basis für Ausflüge: zum Keramikzentrum *Grottaglie,* in weiß gekalkte Städtchen orientalischen Flairs wie das runde ✳ Locorotondo, Cisternino, Ostuni und Ceglie Messapica. Im letzteren gibt es gleich eine ganze Reihe guter Restaurants. Auch die mittelalterlichen, ausgemalten Grottenkirchen griechischer Mönche im Karst der Murge zwischen Massafra, Mottola und Matera (Basilikata) sind nicht weit. Eine großartige Tropfsteinhöhle, ein Labyrinth aus Alabaster, liegt bei *Putignano:* ✳ *Grotte di Castellana,* tgl. stdl. Führungen

insider pp

GARGANO

[114–115 C–D 2–3] ✳ ✳ Der italienische Stiefelsporn, *Promontorio del Gargano* genannt, erhebt sich aus der Ebene des Tavoliere zu einem Kalkmassiv und ragt als Vorgebirge über 50 km in die Adria hinaus. Seine abwechslungsreiche Formation reicht von seiner Nordküste, die zu den weiten, sandigen Lagunenseen Lago di Lesina und Lago di Varano (mit florierender Muschelzucht) sowie Stränden abfällt, bis zur wild bewegten Ostküste aus Klippenwänden, bizarr erodierten Felsen, Grotten und eingeschnittenen Sand- und Kieselbuchten. Auf Bootsausflügen lässt sich diese Küste gut erkunden. Im Landesinneren erreichen die Gipfel bis zu 1000 m Höhe. Weite Teile der Halbinsel bedeckt die *Foresta Umbra,* der »dunkle Wald«, ein in Süd-

insider pp

italien einzigartiger, uralter Laubwald aus Buchen, Ahorn und immergrünen Steineichen. Wanderwege durchziehen ihn, und Picknickplätze bieten wunderbar schattige Rast. Der gesamte Sporn ist 1991 zum Nationalpark erklärt worden.

Längst hat die Ferienindustrie den Gargano als vielleicht schönsten Flecken an der Adriaküste entdeckt, Feriendörfer und aufwändige Campingplätze säumen vor allem die Nordküste mit den weiten Stränden. Auch die malerischen Fischerdörfer Peschici und Vieste, durch Küstenstraßen mit atemraubenden Ausblicken miteinander verbunden, leben heute mit ihren Hotels und Restaurants an der felsigen Ostküste vorwiegend vom Sommertourismus.

ZIELE AUF DEM GARGANO

Manfredonia **[115 D3]**

Im Süden läuft der Gargano gen Manfredonia (59 000 Ew.) und den gleichnamigen Golf aus. Vom Hafen Manfredonias starten im Sommer Fährboote nach Vieste und zu den Tremitiinseln. Sehenswert ist das Stauferkastell, vor allem aber das darin befindliche *Museo Archeologico Nazionale del Gargano (tgl. 8.30–19.30 Uhr, erster und letzter Mo im Monat geschl.)* mit den geheimnisvollen Steinstelen der hoch entwickelten Daunier, der apulischen Urbevölkerung (6./7. Jh. v. Chr.). Der Stauferkönig Manfred hatte Manfredonia für die Bevölkerung des durch ein Erdbeben zerstörten alten Römerhafens Siponto gegründet. Das Erdbeben hat zwei sehenswerte Heiligtümer stehen lassen: 3 km außerhalb Richtung Foggia die mittelalterlich-orientalische Kirche *Santa Maria di Siponto* und

7 km weiter die Kirche *San Leonardo di Siponto* mit schönen Bildhauereien an Portal und Kapitellen.

Mattinata [115 D3]

10 km nordöstlich in Küstennähe stößt man in einer fruchtbaren Senke voller Olivenhaine auf das Städtchen Mattinata (6400 Ew.) mit einem sympathischen, weiß gekalkten Ortskern, abendlicher Bummelmeile, guten Möglichkeiten zum Einkauf einheimischer Produkte, schönen Campingplätzen und einem Kiesstrand. 17 km nordöstlich liegt an der traumhaften, ins weiße Kalkgestein geschnittenen Bucht Baia delle Zagare das auf Terrassen gebettete Bungalowhotel *Baia delle Zagare (150 Zi., Tel. 08 84 55 01 55, Fax 08 84 55 08 84, www.hotelbaia dellezagare.it, €€ – €€€).*

Monte Sant'Angelo [115 D3]

Eine herrliche Panoramastrecke führt von Manfredonia nach Monte Sant'Angelo (14 000 Ew.) auf 796 m Höhe. Der hübsche Ort mit seinen eigentümlichen Reihenhäusern im Viertel Junno (16./17. Jh.) lagert sich um die stattliche Kirche San Michele Arcangelo, unter der in einer großen Grotte dem Erzengel Michael in täglichen Messen gehuldigt wird – und das seit dem 5. Jh., was die auch heute viel besuchte Pilgerstätte zu einem der ältesten abendländischen Wallfahrtsorte macht. Achten Sie auf das schöne Bronzeportal von 1076 am Grotteneingang. Zur Stärkung kehrt man ein im *Medioevo (Via Castello 21, Tel. 08 84 56 53 56, Mo geschl., €).*

Insider Tipp

Peschici [115 D2]

Der sich hoch auf einem Felsen drängende Ort (4000 Ew.) mit sei-

nem orientalisch anmutenden Gassengewirr ist ein besonders schöner Flecken auf dem Gargano. Unten am Fuß des Felsens erstrecken sich ein weiter Sandstrand und der kleine Hafen. Am Strand und in den Badebuchten drängen sich im Hochsommer die Feriengäste, abends ist in der Altstadt der Bummel angesagt, vorbei an Läden, Restaurants und Cafés. Vom Hafen gelangt man mit der Fähre in 75 Min. auf die Tremitiinseln. Eine sympathische Unterkunft an der Küstenstraße nach Vieste ist das einfache Hotel *La Collinetta (25 Zi., Ortsteil Madonna di Loreto, Tel./Fax 08 84 96 41 51, €/* mit einer herrlichen Panoramaterrasse und einem guten Fischrestaurant (€ – €€).*

San Giovanni Rotondo [114 C3]

Der Ort mit seinen zahlreichen Arztpraxen, dem großen Krankenhaus Casa Sollievo della Sofferenza und dem nach Plänen des Stararchitekten Renzo Piano erbauten Wallfahrtstempel fasziniert als neuzeitliches Pilgerziel: Hier wirkte der 1968 gestorbene Wunderheiler Padre Pio, gerade heilig gesprochen und Magnet für alljährlich mindestens 6 Mio. Pilger.

Vieste [115 D–E2]

Am östlichsten Punkt des Sporns siedelt das hübsche Städtchen (14 000 Ew.) mit bis spät in den Abend quirliger Altstadt, mit Stauferkastell und stattlicher Kathedrale, mit Restaurants und Geschäften, mit Stränden und Hafen. Es gilt als das Zentrum des Gargano und quillt im Juli und August über mit Feriengästen. Man kann entweder in der malerischen und lebhaften Altstadt im netten, neuen Frühstückshotel

Punta San Francesco (*14 Zi., Via San Francesco 2, Tel. 08 84 70 14 22, Fax 08 84 70 14 24, www.hotelpun tasanfrancesco.it, €–€€*) wohnen oder am Meer in der feinen Hotelanlage *Pizzomunno Vieste Palace (187 Zi., Tel. 08 84 70 87 41, Fax 08 84 70 73 25, www.esperia.it/ pizzomunno, €€€*) mit vielen Sportangeboten und dem ausgezeichneten Restaurant *Il Trabucco (€€€).* Am Strand davor erhebt sich ein turmartiger Kreidefelsen, der *Pizzomunno* (»Spitze der Welt«), die äußerste Spornspitze.

ZIELE IN DER UMGEBUNG

Termoli [114 A2]
Die Küstenstadt (21 000 Ew.) des Molise besitzt eine malerische Altstadt auf einem Felssporn überm Meer, mit *Dom* (orientalische Mosaikreste in der Krypta) und einem staufischen *Kastell.* Im Sommer tummeln sich hier die Touristen zur Fahrt auf die Tremitiinseln.

**Tremitiinseln
(Isole Tremiti)** [114 B–C1]
Man sagt von ihnen, sie seien die schönsten »Tropeninseln« Italiens: vier Felsinseln, zwei von ihnen, *Isola San Domino* und *Isola San Nicola,* sind (von 300 Menschen) bewohnt und nunmehr von Schnorchlern und Tauchern entdeckt. Dazu kommen 10 000 Tagesausflügler mit Fährbooten aus Rodi Garganico und Termoli.

L'AQUILA

[110 B4] Vor der eindrucksvollen Kulisse des höchsten Apenninmassivs, des Gran Sasso d'Italia, liegt das lebhafte L'Aquila (65 000 Ew.), intaktes Mittelalter auf gut 700 m Höhe. Die Regionshauptstadt der Abruzzen auf halber Strecke zwischen Adriaküste und Rom wurde 1240 vom Staufer Friedrich II. als Vorposten gegen das päpstliche Rom gegründet.

Die Tremitiinseln sind ein heißer Tipp bei Tauchern und Schnorchlern

SEHENSWERTES

Brunnen der 99 Röhren
Das große Becken der eindrucksvollen *Fontana delle 99 cannelle* von 1272 zieren 99 Wasser speiende Steinmasken. *Via Jacopo*

San Bernardino di Siena
Höhepunkt dieser barock ausgestatteten Kirche ist die Renaissancefassade (1527–40) von Cola d'Amatrice. *Via di San Bernardino*

Santa Maria di Collemaggio
★ Dank ihrer grandiosen Fassade, in die sich harmonisch drei romanische Rosettenfenster und drei romanische Portale einfügen, gilt die Kirche vor den Toren L'Aquilas als schönster Sakralbau der Abruzzen. Das romanische Innere wurde 1973 von barocker Verzierung befreit. Vom 23. bis zum 29. August findet hier seit 700 Jahren das prächtige 🏃 Fest der *Perdonanza Papale* statt, mit allem, was die Abruzzen an Folklore zu bieten haben – eine Hommage an den aus L'Aquila stammenden Papst Cölestin V. und seine »Bulle der Vergebung«, die dem sicher sei, der durch das Kirchenportal tritt.

MUSEUM

Museo Nazionale d'Abruzzo
Ein großes spanisches Kastell im Stadtpark zeigt das Kunstschaffen in den Abruzzen von der Prähistorie bis heute. *Di–So 9–19 Uhr*

ESSEN & TRINKEN

L'Antico Borgo
Hier finden Sie manches Gericht, **Insider Tipp** das mit dem lokalen Safran gewürzt

ist. Nahe am Brunnen sitzt man im Sommer draußen. *Piazza San Vito 1, Tel. 086 22 20 05, tgl.,* €

Ernesto
Freundliche Familientrattoria mit herzhaften Suppen und Fleischgerichten. *Piazza Palazzo, Tel. 086 22 10 94, So/Mo geschl.,* €

ÜBERNACHTEN

Duomo
In der Altstadt in alten Mauern ein freundliches Frühstückshotel. *30 Zi., Via Dragonetti 6–10, Tel. 08 62 41 08 93, Fax 08 62 41 30 58, www.hotel-duomo.it,* €

San Michele
Neues, gepflegtes Haus mit 32 ruhigen Zimmern. *Via dei Giardini 6, Tel. 08 62 42 02 60, Fax 086 22 70 60, www.stmichelehotel.it,* €

AUSKUNFT

Piazza Santa Maria di Paganica 5, Tel. 08 62 41 08 08, Fax 086 26 54 42

ZIELE IN DER UMGEBUNG

Amiternum   [110 B3–4]
10 km nordwestlich von L'Aquila kann man die eindrucksvollen Ruinen (Theater und Amphitheater) einer uralten Siedlung – erst sabinisch, dann römisch – bewundern.

Bominaco   [110 C4] Insider Tipp
Auf der Fahrt gen Süden Richtung Sulmona kommt man an Safranfeldern vorbei und am Abzweig zum 30 km südöstlich gelegenen Bominaco, das unbedingt einen Besuch wert ist wegen zwei besonders schöner mittelalterlicher Kirchen:

»Das Wunder von Castel di Sangro«

Ein italienisches Fußballmärchen

Warum nicht mit diesem Ferienschmöker im Land der leidenschaftlichen Fußballfans in eine 5000-Seelen-Ortschaft in den Abruzzen eintauchen und Frust und Freude der Fans des örtlichen Fußballvereins miterleben? Der US-Autor Joe McGinniss hat ein Jahr in Castel di Sangro gelebt und den sagenhaften, an ein Wunder grenzenden Aufstieg der bis dato völlig unbedarften Lokalmannschaft bis in die B-Liga, die zweithöchste nationale Fußballklasse, hautnah miterlebt. Voller Situationskomik ist seine Erzählung vom Taumel, in den die Dorfbevölkerung gerät, bis sich die Verquickungen und teilweise mafiosen Machenschaften im Hintergrund dramatisch zuspitzen. Eine spannende, lebensprühende Provinzgeschichte für Italien- und Fußballliebhaber.

San Pellegrino und *Santa Maria dell'Assunta;* wenn sie geschlossen sind, fragen Sie in der nächsten Bar nach dem *custode* mit dem Schlüssel.

Chieti [111 D–E4]

Das alte, lebhafte Städtchen (55 000 Ew.), 90 km östlich von L'Aquila, bietet herrliche Ausblicke auf die Maiellagruppe und aufs Meer. Außerdem: Reste dreier römischer *Tempel,* eines *Amphitheaters,* von *Thermen,* ein gotisch-barocker *Dom* (ursprünglich aus dem 9. Jh.) und ein ausgezeichnetes *archäologisches Museum* mit prähistorischen und römischen Funden *(Viale Paolucci, tgl. 9–20 Uhr).* 25 km südwestlich die romanische Abtei *San Clemente in Casauria,* 871 von Kaiser Ludwig II. gegründet, mit kunstvollen Verzierungen aus weichem Tuffstein.

Gran Sasso d'Italia [110 B–C 2–3]

Auf fast 1500 km^2 erstreckt sich dieser riesige, 1991 eingerichtete Nationalpark. Im Norden beginnt er unterhalb von Ascoli Piceno und umfasst die Monti della Laga, ein sanft geschwungenes Mittelgebirge, das dank reichlich Wasser mit dichtem Waldbewuchs und aufregenden Wasserfällen aufwarten kann, allen voran die *Cascata della Morricana* und die Schluchten *Gole del Salinello.* Ein ländlicher Einkehrtipp mit besonders gutem Essen und acht ordentlichen Zimmern bei *Campli* nördlich von Teramo: *La Locanda del Pompa (SS 81, Tel. 08 61 56 90 11, Mi geschl., €–€€).*

Höhepunkt des Parks ist im Wortsinn das enorme, kalkhelle Felsmassiv Gran Sasso d'Italia, der »große Fels Italiens«, mit seinem Gipfel Corno Grande von 2914 m höchste Erhebung im gesamten Apennin. Die Autobahn, die Teramo (quirlige Kleinstadt mit schönem altem Zentrum) mit L'Aquila verbindet, untertunnelt den Berg. Ausgangspunkte für Wanderer, Bergsteiger und Ausflügler mit Parkplatz, Imbissbars, Hotels und Aufstiegsanlagen sind z. B. *Prati di*

Tivo und *Fonte Cerreto* bei Assergi *(hier Informationsbüro, Tel. 086 26 05 21).* In *Assergi* lohnt auch die sehenswerte romanische Kirche Santa Maria Assunta einen Blick.

Nordwestlich des Massivs ergießt sich landschaftlich schön gebettet der größte Stausee im Apennin, der *Lago di Campotosto.* Und südlich erstreckt sich auf 2000 m Höhe die weitläufigste und höchste Hochebene Italiens, der *Campo Imperatore,* eine faszinierende, von urzeitlichen Gletschern flach und zu Mulden gescheuerte Landschaft, als Kulisse sehr beliebt bei Filmregisseuren. Ein gut erhaltenes, mittelalterliches Dorf ist *Castel del Monte,* in *Isola del Gran Sasso* befindet sich eines der Informationszentren des Parks: *Via Madonna delle Grazie, Tel. 086 19 73 01, www.gransassolagapark.it*

Isernia [113 E1]

An die Abruzzen schließt sich im Süden das Molise an, mit zwei größeren Städten, *Campobasso,* der Regionshauptstadt (52 000 Ew.), unbedingt einen Besuch wert zum **Insider Tipp** *Fronleichnamsfest,* sowie, 150 km südöstlich von L'Aquila, *Isernia* (18 000 Ew.), Pilgerort der Paläontologen: Hier wurden 1979 die in Europa ältesten Spuren menschlichen Lebens gefunden, über 730 000 Jahre alt sind die Reste von Jagdbeuten und Feuerstellen des »Homo aeserniensis« im *Museo Nazionale (Piazza Santa Maria delle Monache, tgl. 8.30–19.30 Uhr).* Das Molise ist reich an Siedlungsspuren: z. B. ein *samnitisches Theater* bei *Pietrabbondante,* bei Sepino die Römerstadt *Saepinum* und zur Küste hin das antike *Larinum* mit sehenswerten Mosaikresten.

Küste von Abruzzen und Molise [111 D–F 2–4]

Auch wenn sich die Berge nah ans Meer heranschieben, wartet die Küste immer wieder mit langen Sand- und Kieselstränden auf. Hübsche, hoch gelegene Städtchen mit ihrer Marina unten am Wasser sind z. B. Giulianova, Ortona, Vasto. Weite Pinienwälder säumen die schönen Sandstrände sonst wenig attraktiver Badeorte wie Roseto degli Abruzzi und Pineto. Es lohnt ein Ausflug in die Berge nach *Atri* (auf 444 m) mit schöner romanisch-gotischer *Kathedrale,* zahllosen Lakritzläden und den beeindruckenden ★ ◁▷ *balze* oder *bolge,* einem Naturschauspiel: steile, graue Erdfalten, die tief die Abhänge hinunterstürzen. Eine weitere Sehenswürdigkeit, direkt an der Küste, ist die romanisch-gotische Kirche *San Giovanni in Venere* mit Kreuzgang, 15 km südlich von Ortona.

Parco Nazionale d'Abruzzo [110–111 C–D6]

★ ◁▷ Schon 1923 eingerichtet, ist dieser 44 000 ha große Nationalpark im Süden der Abruzzen an der Grenze zu Latium und Molise der zweitälteste Italiens. In der wilden, ursprünglichen Berglandschaft, einst die Domäne der Köhler und Hirten mit ihren Schafherden, leben Wildtiere, die anderswo keinen Lebensraum mehr finden, wie Wölfe, Braunbären, Steinböcke, Luchse, Wildkatzen, sowie zahlreiche Reptilien- und Vogelarten, darunter Königsadler. Im Wildgehege des Besucherzentrums in Pescasseroli kann man ein paar Bären von nahem begutachten. Der 2000-Seelen-Ort füllt sich in den Wintermonaten, denn die umliegenden Berglehnen bieten das aufwändigste Skigebiet Süditaliens. Im Frühling und Sommer kommen die Wanderer, Reiter und Mountainbiker, ein Netz von rund 150 markierten Wanderwegen führt in die weite, raue Bergwelt, in der auch Berghütten Unterschlupf bieten. Für einige besonders beliebte Routen muss man in der Hochsaison in den Touristenbüros Tickets erstehen, z. B. in *Pescasseroli (Via Piave 2, Tel. 08 63 91 00 97, Fax 08 63 91 04 61, www.parcoabruzzo.it oder www.pescasseroli.net)*. Weitere Orte mit Hotels und Besucherzentren sind z. B. *Civitella Alfedena* und *Villetta Barrea*.

Zwei Übernachtungstipps für Pescasseroli: in einer Jugendstilvilla das elegante Hotel *Villa Mon Repos (17 Zi., Via Santa Lucia 2, Tel. 08 63 91 28 58, Fax 08 63 91 28 30, www.villamonrepos.it, €€ – €€€)* und das einfache *Plistia (10 Zi., Via Principe di Napoli 28, Tel. 08 63 91 07 32, Fax 08 63 91 17 41, www.ristorantealbergoplistia.it, €)* mit einer Trattoria mit handfester Lokalküche *(Mo geschl., €)*. Informative Websites: *www.regione.abruzzo.it/turismo; www.abruzzoturismo.it*

Pescara [111 E3]

Das urbane Hafenzentrum (135 000 Ew.) der Abruzzen gut 100 km östlich von L'Aquila, Geburtsort des exzentrischen Dichters Gabriele D'Annunzio *(Geburtshaus Museum)*, ist eine römische Gründung, doch durch Kriegszerstörungen hat es heute ein modernes Stadtbild. Gut für Schaufenster- und Meerpromenadenbummel *(Lungomare Matteotti, Viale della Riviera)*, dazu zahllose Ferienhotels, Strandbäder und Fischrestaurants. Eine der beliebtesten Speiseadressen: *La Taverna 58 (Sa-Mittag und So geschl., Corso Manthonè 46, Tel. 085 69 07 24, €€)*

Scanno [111 D5–6]

Zwischen Sulmona und dem Nationalpark gelangt man durch die wildromantische Schlucht *Gola del Sagittario* und am Natursee *Lago di Scanno* vorbei ins 100 km südöstlich gelegene Bergstädtchen Scanno (3000 Ew.), berühmt für seine alten Frauen, die noch täglich ihre schwarzen Trachten tragen.

Sulmona [111 D5]

Über diesem schönen Städtchen (24 000 Ew.) 70 km südöstlich von L'Aquila liegt der Duft von gebrannten Zuckermandeln, eine alte und immer noch aktuelle Tradition. Im Zentrum mit großem Hauptplatz, den ein mittelalterlicher Aquädukt flankiert, lohnt der elegante Palast- und Klosterkomplex *Santa Maria Annunziata* (15. Jh.) mit seinen feinen Stilelementen aus Gotik und Renaissance. Übernachten kann man im funktionalen *Armando's (21 Zi., Via Montenero 15, Tel./Fax 08 64 21 07 87, €)*, besonders gut isst man 8 km östlich im bezaubernden Bergdorf *Pacentro: Caldora, Piazza Umberto I 13, Tel. 086 44 11 39, So-Abend und Di geschl., €€*

Insider Tipp

Die östliche Kulisse Sulmonas bildet ein weiterer, 74 000 ha großer Nationalpark, die Gebirgszüge der *Maiella*. Das Parkzentrum ist *Guardiagrele* mit dem reizenden Hotel *Villa Maiella (14 Zi., Via Sette Dolori 30, Tel./Fax 08 71 80 93 19, www.villamaiella.it, €)*, zu dem ein besonders gutes Restaurant *(Mo geschl., €€)* gehört.

Üppig verziert: Santa Croce in Lecce

te sind die *Basilica di Santa Croce* und die *Piazza del Duomo*.

Kastell

Vor dem von Karl V. im 16. Jh. erbauten, trapezförmigen Kastell (sehenswertes *Museum zur Früh- und Kunstgeschichte des Salento, zzt. wegen Restaurierung geschl.*) findet täglich ein großer Markt statt.

ESSEN & TRINKEN

Trattoria Cucina Casareccia

Typische Bauernküche des Salento, wie sie anderswo heute kaum noch zu finden ist. *Via Costadura 19, Tel. 08 32 24 51 78, So-Abend und Mo geschl.,* €

Torre di Merlino

In der Altstadt ein quirliger, stimmungsvoller Treffpunkt zu guter Pizza, zu Wein und Imbissen. *Mo/Di geschl., Via D'Aragona 29, Tel. 08 32 24 18 74,* €

LECCE

[119 E4] Urbaner Mittelpunkt des apulischen Salento, des Stiefelabsatzes voller Gemüse- und Tabakfelder, Weingärten und Olivenhaine, ist Lecce (95 000 Ew.), auch »Florenz des Südens« genannt: Hier blüht der aus der spanischen Herrschaft über Süditalien stammende Barock. Auf der zentralen Piazza Sant'Oronzo mit dem römischen Amphitheater trifft man sich im *Café Alvino (Di geschl.)*.

ÜBERNACHTEN

Patria Palace Hotel

Ein elegantes Hotel mit feinem Restaurant, traumhaft in der Altstadt gelegen. *67 Zi., Piazzetta Riccardi 3, Tel. 08 32 24 51 11, Fax 08 32 24 50 02, www.patriapalace lecce.com,* €€€

AUSKUNFT

Corso Vittorio Emanuele 24, Tel. 08 32 24 80 92, Fax 08 32 33 24 63

SEHENSWERTES

Altstadt

Üppig verschnörkelte ★ Barockfassaden von Palazzi und Kirchen in honiggelbem Tuffstein, Höhepunk-

ZIELE IN DER UMGEBUNG

Gallipoli   [119 E5]

Die verwinkelte, weiße, mit Barockpalästen durchsetzte und nach

Basilikum und Tomaten duftende Altstadt auf einer Insel im Ionischen Meer 40 km südlich von Lecce, rundherum eine Panoramastraße, verbindet mit der Neustadt am Ufer eine Brücke. Schon die Griechen nannten sie Kalys Polis, die schöne Stadt. Im Landesinneren, dem Salento, lohnen die barocken Städtchen *Nardò* und *Galatina* (Fresken aus dem 15. Jh. in der Kirche *Santa Caterina)* einen Besuch.

Griechendörfer   [119 E–F 4–5]

Unter den im Land verstreut liegenden flachen, weißen Landarbeiterdörfern hat in einigen die griechische Sprache bis in die heutige Zeit überlebt (Calimera, Sternatia, Soleto, Martignano, Martano, Castrignano de'Greci, Corigliano d'Otranto). Und überall stößt man auf die **masserie,** einst gegen Piraten und Briganten befestigte Gutshöfe, heute verlassen. Einige wurden in malerische Ferienhotels umgewandelt, z. B. *Masseria Appide (20 Zi., 6 Wohnungen, Tel. 08 36 42 79 68, Fax 08 36 42 79 69, www.appide. it, €–€€)* mit Pferden, Schwimmbad, Tennis in *Corigliano d'Otranto* zwischen Galatina und Otranto.

Otranto   [119 F5]

Diese am weitesten gen Orient vorgeschobene Stadt Italiens (5000 Ew.) 47 km südöstlich von Lecce, eine griechische Gründung, gilt nicht nur den Italienern als attraktiver Ferienort. Dazu tragen die weiße, lebhafte Altstadt bei, ein sauberes Meer, eine aufregende Küste voller Grotten (im Süden *Grotta dei Cervi, Grotta Zinzulusa, Grotta Romanelli)*, Feriendomizile und der ★ Mosaikfußboden des *Doms* von Otranto: ein 1596 m^2 großer Bilderbogen mit mythologischen Fabelwesen, rätselhafter Symbolik und biblischen Geschichten, den der griechische Mönch Pantaleone zwischen 1163 und 1166 aus rund 10 Mio. farbigen Steinchen legte. Unterm Altar werden die Reste der 800 Märtyrer von Otranto aufbewahrt, 1480 von den Türken ermordet. 6 km von Otranto entfernt kann man bei Uggiano La Chiesa im schönen Landhotel *Masseria Gattamora (11 Zi., Via Campo Sportivo 33, Tel. 0836 81 79 36, Fax 08 36 81 45 42, www.gattamora.it, €)* übernachten, gut essen *(Di und außer So mittags geschl., €€)* und im Pool baden. Eine herrliche Panoramafahrt führt zum Südzipfel Apuliens nach *Capo Santa Maria di Leuca* mit einer Wallfahrtskirche, *Santa Maria di Finibus Terrae* (Ende der Welt) genannt.

Griechisch inspiriert: die weiß getünchte Altstadt von Otranto

Im Schatten des Vesuvs

Von der Metropole Süditaliens zur Traumküste nach Amalfi und in den Nationalpark Cilento

Kampanien (ital. Campania), die Region, mit der südlich Roms am Golf von Gaeta der eigentliche Mezzogiorno Italiens beginnt: Bei Cuma im Westen Neapels betreten Sie Boden, auf den vor rund 2700 Jahren die Griechen ihren Fuß setzten, um in Süditalien die »Magna Graecia« ihrer reichen Handelsstädte aufzubauen. Und auf den Spuren der Römer stoßen Sie auf die beiden einzigartigen Ruinenstädte Herculaneum und Pompeji.

»Das Land, wo die Zitronen blühn«: in Kampanien ganz wörtlich zu nehmen

Naturerlebnisse der besonderen Art bieten im Westen Neapels die Campi Flegrei, die so genannten brennenden Felder aus flachen Vulkankratern bei Pozzuoli, und im Süden der seit 1944 schlummernde, aber keineswegs erloschene Vesuv. Die schönsten Inseln Italiens, Capri, Ischia und Procida, liegen vor dem Golf von Neapel. Die Steilküste im Süden des Golfs erreicht mit der Halbinsel Sorrents und mit Positano, Amalfi und Ravello, pastellfarbenen, maurisch angehauchten Städtchen zwischen Zitrushainen auf dem Steilrelief der Felsküste, eine Atmosphäre traumhafter Mediterraneität, die seit Generationen die Nordländer verzaubert. Und Buchten mit feinem Sand verstecken sich in der bergigen Küste des Cilento. »Campania felix«, das glückliche Land, so nannten schon die Römer das fruchtbare Binnenland Kampaniens. Auf der satten Vulkanerde gedeihen Tomaten, Gemüse, Obst; Zitronen- und Orangenhaine prägen die Landschaft.

Doch den Schönheiten der Region stehen dramatische Schattenseiten gegenüber: In der Landwirtschaft arbeiten als Tagelöhner rechtlos und zu Hungerlöhnen Tausende von Emigranten aus Afrika, von der selbst nicht gerade glücklichen Bevölkerung kaum gelitten. In dieser am dichtesten besiedelten Region Italiens (5,5 Mio. Menschen auf 13 600 km^2) stoßen Reisende auf

Viele Städtchen an der Südflanke der Halbinsel von Sorrent kleben wie Positano am Felsen überm Meer

unsinnig in die Landschaft gestellte, nie zu Ende gebaute Neubauruinen oder auf Straßenränder voller Müll. Trotz der jüngsten, erfolgreichen Bemühungen um bessere Lebensqualität verzeichnen Neapel und seine Provinz traurige Rekorde in Schulflucht, Kinderarbeit, Arbeitslosigkeit (bis zu 25 Prozent) und Drogenkonsum. Auch die Camorra ist längst noch nicht besiegt. Der MARCO POLO Band »Golf von Neapel« berichtet ausführlich über Stadt und Umgebung.

NEAPEL (NAPOLI)

 Karte in der hinteren Umschlagklappe

[113 E4–5] Die Metropole des Südens ist die drittgrößte Stadt Italiens, aber zehnmal so dicht besiedelt wie Florenz, sie zählt 1,2 Mio. Ew., schwillt aber mit der Peripherie auf 3 Mio. an. Siedlungschaos und Smog sind die Folge. Dennoch, der Anblick der Stadt am Golf vor der Kulisse des Vesuvs hat seinen Zauber nicht verloren. Überall spürt man den zähen Lebensnerv. Die Vielschichtigkeit der Bevölkerung, der Stadtanlage und der Geschichte, das milde Klima und die herzlichen Menschen machen Neapel zu einer der faszinierendsten Städte Europas.

Durch zahlreiche Restaurierungen und neuen Elan zieht die Stadt wieder jede Menge Touristen an. Noch bis zum Zweiten Weltkrieg galt sie als eine der schönsten Europas und war sogar Ziel romantischer Hochzeitsreisender. Griechischen Ursprungs (Neapolis = neue Stadt), begann ihre eigentliche Glanzzeit, als Karl von Anjou sie im 13. Jh. zur Kapitale des süditalienischen Königreichs machte. Burgen, Schlösser, Adels- und Bürgerpaläste entstanden, und im 17./18. Jh. entwickelte sich hier die schwungvolle, neapolitanische Variante des Barocks, die den Kirchen ihr Gesicht gab. Aus der emphatischen Darstellungslust der Neapolitaner entstand die Tradition des Krippenbaus, eine hinreißende Kleinkunst, die die Theatralik des neapolitanischen Alltags einfing und heute noch lebt.

Mit der Eingliederung in den modernen Nationalstaat und dem Ende als Residenzstadt verlor Neapel seine Orientierung. Dem ist allerdings zu verdanken, dass die Urbevölkerung noch nicht aus der Altstadt verdrängt worden ist, wie es in den letzten Jahrzehnten in fast allen Großstädten geschah. So wandert man durch die Altstadtviertel, immer auf der Kippe zwischen armer Schäbigkeit wie in den Quartieri Spagnoli unterhalb des Hügels Vomero oder in der Sanità auf dem Weg zum Palast Capodimonte, und lebendiger Emsigkeit in Werkstätten mitten im Zentrum und auf den Straßenmärkten. Zentrale Lebensader ist die 3 km lange Straße Via Benedetto Croce, Via San Biagio dei Librai, Via Vicaria Vecchia, die die Altstadt durchschneidet und deshalb *Spaccanapoli* (»spaltet Neapel«) genannt wird. Sie zeichnet die Hauptstraße des römischen Neapels nach. Die Spaccanapoli säumen Palazzi, Kirchen, Juwelier- und Buchläden, in den Seitengassen herrscht lebhaftes Treiben. Die feineren Bürger wohnen oben auf dem Vomero, in Chiaia und im Villenviertel Posilipo überm Golf. Hier und in Marechiaro mit Ausflugsrestaurants finden sich auch ein paar Badeanstalten. Im Viertel Mergellina am

Wasser bieten Fischer ihren Fang feil. Im Mai öffnen viele sonst verschlossene Klöster, Kirchen und Paläste Neapels ihre Pforten. Und noch ein ganz besonderer Tipp: die eindrucksvollen Installationen zeitgenössischer Kunst in den zentralen Metrostationen, *Metro-Art* genannt.

SEHENSWERTES

Castel Nuovo [U D5]

Die Residenz der neapolitanischen Könige nahe dem Hafen Stazione Marittima wird auch *Maschio Angioino* genannt. Im 13. Jh. erbaute Karl I. von Anjou die Burg, bis ihr im 15. Jh. Alfons I. von Aragón ihre heutige Gestalt mit dem grandiosen Renaissancebogen als Eingang verlieh. Heute ist die Burg Sitz von Ausstellungen und dem *Museo Civico. Piazza Municipio, Mo–Sa 9 bis 19 Uhr*

Castel dell'Ovo [U D6]

Kastell des Eis: Der Legende nach soll Vergil ein Ei in die Mauern des Kastells eingebaut haben, begleitet vom Orakel, dass Neapel so lange bestehen wird, wie dieses Ei unversehrt bleibt. Die Festung (heute Kongresszentrum) entstand im Mittelalter auf der kleinen Felsinsel vor dem Pier Santa Lucia. Im *Borgo Marinari* am Fuß des Kastells trifft man sich in Cafés und Trattorien.

Castel Sant'Elmo und Certosa di San Martino [U C4]

Das dritte Kastell, eine sternförmige Wehranlage von 1329, erhebt sich am Ostrand des Vomerohügels. Ihm vorgelagert ist das große Kartäuserkloster *Certosa di San Martino* aus derselben Zeit, aber im 17. Jh. barockisiert, heute Sitz des Stadtmuseums mit sehenswerter ★ Krip-

---

MARCO POLO Highlights
»Neapel und Kampanien«

★ **Museo Archeologico Nazionale**
Einmalige antike Kunstschätze in Neapel (Seite 59)

★ **Capri**
Inselparadies vor dem Golf von Neapel (Seite 62)

★ **Costa Amalfitana**
Mediterrane Traumstädtchen an Felsen: Süditaliens schönste Küste (Seite 64)

★ **Paestum**
Eine Tempelstadt aus der Griechenzeit (Seite 66)

★ **Krippensammlung**
Weihnachtsszenen inmitten prallen Lebens, zu sehen in Neapels Kartause San Martino (Seite 57)

★ **Pompeji**
Eine riesige, intakte Römerstadt, über Jahrhunderte unter Lavagestein begraben (Seite 66)

★ **Kreuzgang**
Der Klosterkreuzgang von Santa Chiara in Neapel: eine majolikageschmückte Gartenoase im Stadtchaos (Seite 58)

Altstadt von Neapel: Italiens am dichtesten besiedelte Region

pensammlung *(Kastell und Kartause: Di–So 8.30–19.30 Uhr)*. Beide liegen in Gärten mit herrlichen Ausblicken auf den Golf.

Dom San Gennaro [U E3]

Im über die Jahrhunderte immer wieder umgestalteten französisch-gotischen Dom befindet sich die Kapelle mit den Reliquien des hl. Januarius, Schutzpatron von Neapel. Sein Blut verflüssigt sich zweimal im Jahr, im September und im Mai, unter den inbrünstigen Gebeten der Neapolitaner. Tut es das ausnahmsweise mal nicht, droht Unheil ... *Via Duomo*

Kirchen

Gotisches Mittelalter oder festlicher Barock aus kunstvollen Marmorintarsien und Stuckdekor kennzeichnet die vielen Kirchen in der Altstadt: Gotik, Barock und Neugotik mi-

schen sich in *San Domenico Maggiore (* **U D3***, Piazza San Domenico)*; von der Barockisierung hat man in *San Lorenzo Maggiore (* **U E3***, Piazza San Gaetano)* viel wieder in die ursprüngliche Gotik zurückrestauriert. Besonders sehenswert sind die *Ausgrabungen* eines römischen Marktviertels unter der Kirche *(Mo–Sa 9 bis 17, So 9.30–13.30 Uhr)*. Prächtige Barockkirchen sind *Gesù Nuovo (* **U D3***, Piazza del Gesù)* und *San Paolo Maggiore (* **U E3***, Piazza San Gaetano)*, Letztere über eine schwungvolle Doppeltreppe zu erklimmen. Die eindrucksvolle Kirche *Santa Chiara* **[U D3–4]**, 1943 bei Bombenangriffen beschädigt, ist im ursprünglichen, französisch-gotischen Stil restauriert worden. Zur Kirche gehört ein *Museum,* vor allem aber der *Convento dei Minori* mit einem hinreißenden ★ Kreuzgang aus bunten Majolikalauben – eine Ruheoase im Getümmel Neapels *(Via Benedetto Croce, Mo–Sa 9.30–13 und 14.30 bis 17.30, So 9.30–13 Uhr)*.

Palazzo Reale [U D5]

Dieser große Stadtpalast an der klassizistischen *Piazza del Plebiscito* war bis 1860 Regierungssitz der Bourbonen; zu besichtigen sind das eindrucksvolle Treppenhaus und die prächtigen Gemächer. *Do–Di 9 bis 20 Uhr*

Teatro San Carlo [U D5]

Berühmter Tempel des Melodramas, erstes Theater Europas (18. Jh.), zweimal zerstört und wieder aufgebaut. *Neben dem Palazzo Reale, Besichtigung tgl., anmelden unter Tel. 081 66 45 45, Theaterkasse Via San Carlo, Okt.–Mai Di–So 10 bis 15 Uhr; Juni–Sept. Mo–Fr 10 bis 16.30 Uhr; www.teatrosancarlo.it*

Unterirdisches Neapel
(Napoli Sotterranea) **[U E3]**

Führungen auch in Deutsch durch die Grotten und Tunnel, die schon Griechen und Römer als Vorratskeller, Zisternen und Abwasserkanäle in den Lavatuff unter der Stadt getrieben haben. *Piazza San Gaetano, Mo–Fr 12–16, Do auch 21, Sa/So 10–18 Uhr*

Zahnradbahnen (Funicolari)

Zahnradbahnen führen in die höher gelegenen Stadtteile: die blitzschnelle Funicolare Centrale *Via Toledo–Piazza Fuga,* Funicolare di Chiaia *Via Parco Margherita–Via Cimarosa,* Funicolare di Montesanto *Piazza Montesanto–Via Morghen.* Schöne Aussichten auf der Fahrt mit der  Funicolare di Mergellina *Via Mergellina–Via Manzoni.*

MUSEEN

Cappella Sansevero **[U D3]**

In dieser kleinen Rokokokirche sind kostbare Skulpturen ausgestellt, vor allem der »Verschleierte Christus« von Giuseppe Sammartino. Außerdem ein 200 Jahre altes, makabres Experiment, die Versteinerung von zwei Toten. *Via de Sanctis 19, Mo und Mi–Sa–17.30, So 10–13 Uhr*

Museo Archeologico Nazionale **[U D2–3]**

★ Eine der bedeutendsten Altertumssammlungen der Welt, kostbare Skulpturen der Antike, Wandmalereien aus Pompeji und Herculaneum und ein restaurierter Isistempel. *Piazza Museo, Mi–Mo 9–20 Uhr*

Museo e Gallerie Nazionali di Capodimonte **[U D1]**

Der prächtige, restaurierte Königspalast Capodimonte in großem Park beherbergt die reichen Kunstsammlungen der verschiedenen Herrscher Neapels und einen Salon gänzlich aus Porzellan, ein Werk der einst legendären Porzellanmanufaktur von Capodimonte. Im gepflegten *Park* mit phantastischem Blick auf die Stadt tummeln sich sonntags neapolitanische Familien und Jugendliche. *Parco di Capodimonte, Di–So 8.30–19.30 Uhr*

ESSEN & TRINKEN

Bruno **[U B5]**

An der Uferstraße Riviera di Chiaia 213–214 ein kleines Restaurant mit wunderbaren Fischgerichten. *Tel. 081 66 42 97, Mo geschl., €€*

Cafés

Ein Muss ist das historische *Gambrinus* **[U D5]**, *Piazza Trento e Trieste,* doch den besten *caffè* in allen

Im Archäologischen Nationalmuseum: die Schätze des Altertums

Varianten bekommt man im *Caffè del Professore* an derselben Piazza. Immer in ist 🏃 *La Caffettiera* **[U C5]**, *Piazza dei Martiri;* den besten *babà,* ein mit Rum getränktes Hefeküchlein, bekommt man bei *Scaturchio* **[U D3]**, *Piazza San Domenico Maggiore.*

Capasso **[U D2]**
Unweit des Archäologischen Museums exzellente Pizzen und andere typische Köstlichkeiten. *Via Porta San Gennaro 2, Tel. 081 45 64 21, Di geschl.,* €

La Sacrestia **[O]**
〰️ Bei schönster Aussicht von Posillipo auf den Golf bekommen Sie in diesem bei den Neapolitanern beliebten Traditionslokal sorgfältig zubereitete Pasta- und Fischgerichte. *Via Orazio 116, Tel. 08 17 61 60 51, So-Abend und Mo-Mittag geschl.,* €€€

Taverna dell'Arte **[U E4]**
In der Altstadt nahe der Uni, einladend, lebhaft und immer voll, mit schmackhafter Küche. *Rampe San Giovanni Maggiore 1 a, Tel. 08 15 52 75 58, So und mittags geschl.,* € – €€

ÜBERNACHTEN

Costantinopoli 104 **[U D3]**
Der besondere Tipp: stilvolle Oase mit Pool unter Palmen mitten in der Altstadt nahe beim Archäologischen Museum. *19 Zi., Via Santa Maria di Costantinopoli 104, Tel. 08 15 57 10 35, Fax 08 15 57 10 51, www.costantinopoli104.it,* €€€

Europeo **[U E4]**
Freundliches Etagenhotel in der Altstadt nahe der Spaccanapoli. *25 Zi., Via Mezzocannone 109 c, Tel./Fax 08 15 51 72 54, www.sea-hotels. com/sea-hotels/europeo,* €

Real Orto Botanico **[U E2]**
Beim Botanischen Garten ein gepflegtes, elegantes Haus mit gutem Lärmschutz und reichhaltigem Frühstück. *36 Zi., Via Foria 192, Tel. 08 14 42 15 28, Fax 08 14 42 13 46, www.hotelrealor tobotanico.it,* €€ – €€€

Vittorino **[U A6]**
Vier komfortable Kabinen auf einem restaurierten alten Schlepper am Pier in Mergellina. *Via Ponte di Tappia 47, Tel. 0817908201, www. vittorino.it,* €€

EINKAUFEN

Edelste Gegend für Mode, Antiquitäten, Schmuck sind *Via Chiaia, Via dei Mille* und Umgebung **[U C5]**. Unter den zahlreichen originellen Kunsthandwerksgeschäften in der Altstadt z. B. Krippen und Krippenfiguren bei *Ferrigno* **[U E3]**, *Via Gregorio Armeno 8* (die gesamte Straße verwandelt sich im Dezember in einen Krippenmarkt). Und überall stößt man auf Straßenmärkte.

AM ABEND

Neapel hat eine lebhafte Musikszene. Es gibt viele Kneipen mit Livemusik. Abendliche Treffpunkte sind die 🏃 Cafés an der lauschigen *Piazza Bellini* **[U D3]** in der Altstadt, die Cafés am Fuße des *Castel dell'Ovo* **[U D6]**, die Eispavillons am *Lungomare von Mergellina* **[U A6]** oder an der *Riviera di Chiaia* **[U B–C5]**. Opernabende im wunderschönen *Teatro San Carlo* **[U D5]**.

AUSKUNFT

Stazione Centrale **[U F3]**, Tel. 081 26 87 79, zuständig für die ganze Provinz. Ein gutes Auskunftsbüro zur Stadt finden Sie an der *Piazza Gesù Nuovo* **[U D3]**, Tel. 08 15 52 33 28 (hier die Informationsbroschüre »Qui Napoli« in Italienisch/Englisch). Internet: *www. inaples.it.* Fragen Sie nach dem *Artecard*-Pass *(www.campaniartecard. it)* für freien Museumseintritt und zur Gratisnutzung öffentlicher Verkehrsmittel.

Die Schiffsverbindungen *(aliscafi)* zu den Inseln im Golf von Neapel starten vom *Porto Turistico Mergellina* **[U A6]** und vom *Molo Beverello* **[U D5]**; günstige Bahnverbindungen gibt es nach Pozzuoli und Cuma (Ferrovia Cumana) sowie nach Pompeji und Sorrent (Circumvesuviana).

ZIELE IN DER UMGEBUNG

Benevento   [113 F3]

Das rund 70 km nordöstlich auf einer Anhöhe gelegene Benevento (62 000 Ew.) wurde im Zweiten Weltkrieg stark beschädigt, hat aber aus seiner antiken Blütezeit einen wunderbar erhaltenen *Triumphbogen* zu Ehren des römischen Kaisers Trajan (2. Jh.) zu bieten, ein *Amphitheater*, die Kirche *Santa Sofia* aus seiner Zeit als Langobardenherzogtum im 7.–11. Jh., den wieder aufgebauten *Dom* sowie das *Museo del Sannio (Di–So 9–13 Uhr)* im stimmungsvollen Benediktinerkloster voller Schätze aus der Frühzeit der Samniter, der Römer und der Griechen.

Campi Flegrei
und Cuma   [113 D–E 4–5]

Im Westen gelangt man mit der Eisenbahn »Ferrovia Cumana« vorbei

»Brennende Felder«, Schwefelschlamm und Kraterseen: die Campi Flegrei

an den stillgelegten Schwerindustrieanlagen von Bagnoli ins knapp 20 km entfernte *Pozzuoli,* einst eine griechisch-römische Hafenstadt. Aus dieser Zeit sind das *Anfiteatro Flavio* (1. Jh.), drittgrößtes Theater nach dem Kolosseum und dem von Santa Maria Capua Vetere, und der *Serapeo,* der römische Markt, übrig geblieben. Dessen Säulen stehen halb im Wasser, Zeichen des *bradisismo,* der so genannten Küstenverschiebung, ein Sichheben und -senken der Erde. In der Tat hat das Meer die prächtigen Badevillen verschluckt, die sich die Römer einst hier an den Strand von Baia bauten, heute ein Paradies für Unterwasserarchäologen (Bootstouren mit Blick auf Mosaikfußböden auf dem Meeresgrund und Tauchausflüge: *Cymbra, Hafen von Baia, Sa 12 und 16 Uhr, So 10.30, 12, 16 Uhr, Tel./Fax 08 18 54 57 84).* Zu dieser geologischen Unruhe gehören auch die *Campi Flegrei,* die »brennenden Felder« im Hinterland von Pozzuoli mit der *Solfatara,* einer dampfenden und Schwefelschlamm spuckenden Kraterlandschaft, und dem düsteren Kratersee *Lago d'Averna.*

Weiter im Norden gelangt man nach *Cuma,* dem griechischen Kyme (8. Jh. v. Chr.), erste Festlandsiedlung der Griechen, heute eine romantische ◀▶ Ruinenlandschaft mit der *Grotte der Sibylle,* der berühmtesten Wahrsagerin der Antike.

Insider Tipp

Capri   [113 E6]

★ Auf Capri, einem nur knapp 6,5 km langen und gut 2 km breiten Eiland aus kalkigem Fels mit bizarren Gesteinsformationen (berühmte Wahrzeichen sind die *faraglioni*), geheimnisvollen Grotten *(Grotta Azzurra)* und einer subtropi-

schen Vegetation von betörenden Düften, baute sich schon der Römer Tiberius seine insgesamt zwölf Sommervillen. Im 19. Jh. entdeckten die Nordeuropäer die Insel, beispielhaft die ◀▶ *Villa San Michele* des schwedischen Arztes und Schriftstellers Axel Munthe im Ort *Anacapri* mit ihrem herrlichen Terrassengarten. Zum alljährlichen Ritual Capris gehört die Frage, ob die berühmte *Piazzetta* im pittoresken Hauptort Capri unterm Ansturm von Massen- und Ausflugstourismus nach wie vor Treffpunkt der italienischen Größen aus Kultur und Politik sein kann. Ausführlich berichtet der Marco Polo Band »Capri«.

Caserta und Capua   [113 E3–4]

Frisch geputzt liegt das riesige Barockschloss *Palazzo Reale* (1752 bis 1774) vor seiner beeindruckenden Gartenanlage in *Caserta* (67 000 Ew.) 30 km nördlich von Neapel. Mit 1200 Räumen, 1790 Fenstern und 94 Treppen ist es das ehrgeizige »Versailles« des Bourbonenkönigs Karl III. In den Innengemächern findet sich u. a. eine typisch neapolitanische Krippe mit 1200 Figuren aus dem 18. Jh. *(Di–So 8.30 bis 19 Uhr, Park bis 2 Std. vor Sonnenuntergang).* Ein Ausflugsziel ist das hoch gelegene mittelalterliche Dorf ◀▶ *Caserta Vecchia* mit sehenswerter Kathedrale in der malerischen Altstadt und ansprechenden Lokalen wie *Gli Scacchi (Via Sant'Annunziata 5, Tel. 08 23 37 10 86, im Winter Mo–Mi geschl., €–€€).*

In *Dragoni,* 30 km nordwestlich Casertas, lädt ein hübsches Landhotel ein: *Villa De Pertis (5 Zi., 2 Apartments, Via Ponti 30, Tel./Fax 08 23 86 66 19, www.villadepertis.it, €).*

Insider Tipp

Im Land der Zitronen

Holen Sie sich den Geschmack des Südens ins Haus!

Die kampanische Küste steht im Zeichen der Zitronen: überall Plantagengärten unter schwarzen Netzen, die die Früchte vor scharfen, salzigen Meeresbrisen schützen sollen. Das Fruchtfleisch geht in die Limonadenindustrie, die dicke, gelbe Schale in den Zitronenlikör *limoncello oder limoncino*. Wer Heimweh bekommt nach Süditalien, kann sich den Likör zu Hause selber machen, das ist ganz einfach und hilft bei Sehnsuchtsanfällen (und vollem Magen): Die gelbe, in schmale Streifen geschnittene Schale von zehn unbehandelten Zitronen wird fünf Tage lang in einen Liter Alkohol gelegt; dann ein Kilo Zucker in einem Liter Wasser aufkochen, abkühlen lassen und zu Schale und Alkohol gießen, alles gut durchschütteln, filtern, in Flaschen gießen und ins Gefrierfach legen. Der Likör kann sofort und muss eiskalt getrunken werden.

Bei *Capua* (12 km nordwestlich von Caserta) lohnt der Besuch des riesigen römischen *Amphitheaters* von *Santa Maria Capua Vetere (Di bis So 9–18.30 Uhr)*. 6 km nordöstlich von Capua findet man die 🔽 *Basilika Sant'Angelo in Formis* (11. Jh.), deren dreischiffiges Inneres mit byzantinischen Fresken großartig ausgemalt ist. In Capua (18 000 Ew.) selbst lohnt vor allem das *Museo Campano (Di–Sa 9 bis 13.30, So 9–13 Uhr)* mit seiner einzigartigen Statuensammlung antiker Votivmütter aus Tuffstein (7.–1. Jh. v. Chr.).

Cilento   [116 A–C 5–6]

So nennt sich die Berglandschaft, die sich südlich von Paestum im Anschluss an die Ebene des Flusses Sele erhebt, sich bis zu Höhen von 1705 m (*Monte Sacro* mit dem Heiligtum *Madonna di Novi Velia*) aufschwingt und sich zwischen Agro-

poli und Sapri im Süden ins Meer vorschiebt: mit einer bergigen Küste, an der sich winzige, weiße Sandbuchten mit langen Stränden, Grotten und bizarren Felsen abwechseln – ein 🏃 Taucherdorado. Zwar touristisch schon entdeckt, aber immer noch ein Paradies: nicht nur, dass die italienische Regierung die Küste und das dicht bewaldete Landesinnere des Cilento auf über 1810 km^2 1991 zum Nationalpark *(www.cilento-nationalpark.de und www.parks.it/parco.nazionale.cilento)* erklärt hat, auch die Unesco hat das ganze Gebiet 1998 auf die Liste des schützenswerten Erbes der Menschheit gesetzt – als Beispiel für ein historisch gewachsenes Gleichgewicht des Zusammenlebens zwischen Mensch und Naturlandschaft. Das bezeugen u. a. naturbelassene Flusslandschaften, üppige Mischwälder, eine besonders artenreiche Tierwelt sowie Spuren antiker Besiedelung, nette alte Städtchen und ein noch aktives Bauerntum.

Während das Landesinnere zu Wandertouren einlädt, beleben sich im Sommer längs der Küste gemütliche Ortschaften wie Agropoli, Santa Maria di Castellabate, Acciaroli, Pisciotta und die Hochburgen des Sommertourismus am Cilento, 🏃 *Palinuro* und 🏃 *Marina di Camerota*. Landschaftlich besonders schön sind die Landzungen *Punta Licosa* bei Castellabate, *Punta degli Infreschi* bei *Marina di Camerota* sowie der *Felssporn* von *Palinuro*.

Neben Ferienpensionen, Clubanlagen, Ferienwohnungen und besonders schön gelegenen Campingplätzen entstehen in den letzten Jahren in restaurierten alten Villen stimmungsvolle kleine Landhotels und Unterkünfte auf Bauernhöfen.

Zu den Ausflugszielen zählen die Ruinen der antiken Griechenstadt Velia (bei Ascea), in den Monti Alburni die phantastischen Tropfsteinhöhlen *Grotta di Pertosa (Okt.–März tgl. 9–16, April–Sept. 9–19 Uhr)* und *Grotta di Castelcivita (Okt.–Mitte März tgl. 10.30–16, Mitte März bis Sept. 10–18.30 Uhr)* sowie im waldreichen Landesinneren bei Padula das Kartäuserkloster *Certosa San Lorenzo (tgl. 9–19.30 Uhr)*, eine riesige Barockanlage, nach dem Erdbeben 1980 mustergültig wieder in Stand gesetzt und heute Sitz eines archäologischen Museums sowie spektakulärer Ausstellungen zeitgenössischer Kunst. Zum Kennenlernen des inneren Cilento, seiner Natur und seiner Küche eignet sich ein Aufenthalt auf einem Bauernhof, etwa in *San Rufo: Agriturismo Acquafredda, 4 Zi., Contrada Policeta, Tel. 09 75 39 55 32, www.agriturismo acquafredda.it,* €

Halbinsel von Sorrent/Amalfiküste [113 E–F5]

Südlich von Neapel schiebt sich die Halbinsel von Sorrent mit den Monti Lattari weit ins Meer auf die Insel Capri zu, mächtige Trennwand zwischen dem Golf von Neapel und dem Golf von Salerno. Zum Süden hin erstreckt sich die ★ 〰 *Costa Amalfitana* mit Positano, Amalfi, Ravello bis nach Salerno. Auf dem abwechslungsreichen Felsrelief der Steilküste kleben Terrassen mit Zitronen-, Mandel- und Olivenbäumen, wilde Rosen und Bougainvilleen ranken sich an den Loggienbalkons der hellen Häuser hoch. Das quirlige *Sorrent* (Sorrento, 17 000 Ew.) auf einem Tuffplateau zeichnen seine edlen alten Hotels, seine Einkaufsmöglichkeiten und sein Handwerk der Holzintarsien aus. Auf der Halbinsel in *Sant'Agata sui due Golfi* trifft man auf *den* Feinschmeckertempel Süditaliens: *Don Alfonso 1890, auch 5 Apartments, Piazza Sant'Agata 11, Tel. 08 18 78 00 26, Mo/Di geschl.,* €€€

Die pastellfarbenen Häuser *Positanos* (4000 Ew.) auf der Südseite der Sorrentinischen Halbinsel ziehen sich die Felsen hinauf. Im Ort die *Pfarrkirche Santa Maria Assunta* mit Majolikakuppel und einem byzantinischen Altarbild (13. Jh.). Das einstige Fischerstädtchen ist heute exklusiver Ferienort mit edlen Hotels, kleinen Badebuchten und der hier erfundenen bunten, flattrigen Sommermode. Ein traumhaft schönes Hotel ist *Le Sirenuse (60 Zi., Via Colombo 30, Tel. 089 87 50 66, Fax 089 81 17 98, www.sirenuse.it,* €€€*)*. Den köstlichen *limoncello-* Likör aus Zitronen kauft man in der *Enoteca Sapori di Positano*.

Zu Füßen der Steilküste liegt der kleine Stadtstrand von Amalfi

Amalfi (6000 Ew.) sieht man seine Vergangenheit als einflussreiche Seerepublik (in Konkurrenz mit Genua und Pisa) an; kostbar ist der *Dom* mit großartiger Treppe, bunter Marmorfassade, arabisch-normannischem Campanile und einem zauberhaften Kreuzgang. Im weißen Klosterhotel mit byzantinischem Kreuzgang, Schwimmbad und Privatstrand *Hotel Luna Convento (53 Zi., Via Comite 33, Tel. 089 87 10 02, Fax 089 87 13 33, www.lunahotel. it, €€€)* haben schon Henrik Ibsen und Ingrid Bergman Ferien gemacht. Ein Einkaufstipp: handgeschöpftes Papier aus den traditionsreichen Papierwerkstätten von Amalfi und Tramonti bei *Antiche Stampe di Amalfi (Piazza Duomo 11).*

Oberhalb von Amalfi in den Bergen versteckt sich das verwunschene *Ravello* (2000 Ew.) mit romanischem *Dom* und kostbaren Villen wie der arabischen *Villa Rufolo* (11./14. Jh.), ein Ort, der Richard Wagner inspirierte, was den Ort wiederum zu anspruchsvollen sommerlichen Konzertwochen angeregt hat. Von der ☀ Terrasse im Garten der *Villa Cimbrone* hat man eine atemraubende Sicht über den Golf.

Herculaneum und Pompeji   [113 E–F5]

Im Süden Neapels beherrscht der Vesuv Landschaft und Geschicke. Während Pompeji unterm Lavaregen verkohlte, als der Vesuv am Morgen des 24. August im Jahr 79 n. Chr. ausbrach, erstickte Herculaneum unter seinem heißen Schlamm. In *Herculaneum* (Ercolano) gelangt man vom Corso Ercolano in die immer noch nicht vollständig ausgegrabene Stadt mit ihren geraden Straßen, ihren Thermen und mosaikgeschmückten Patrizierhäusern: gut erhalten, übersichtlich und weniger überlaufen als Pompeji. *Nov.–März tgl. 8.30 bis 17, April-Okt. 8.30–19.30 Uhr, www.ercolanonline.it*

*Wandgemälde in Pompeji:
Einblicke in den Alltag
vor zwei Jahrtausenden*

15 km weiter südöstlich ★ *Pompeji* (Pompei): Einzigartig an dieser aus dem harten Lavagestein ausgegrabenen Stadt sind nicht repräsentative Bauwerke wie Tempel, Forum und Theater, sondern der Einblick in den römischen Alltag, Geschäfte, Kneipen, Herbergen, Bordelle, öffentliche Badeanstalten, Häuser, Küchen, gepflasterte Straßen mit Wagenrillen, Abwasserkanälen und Fußgängerstegen, dazu Dekorationen im typischen Pompejirot und Fresken. Weltberühmt sind die Wandmalereien in der *Villa dei Misteri*, die »Einweihung der Bräute in die dionysischen Geheimnisse«. *Nov.–März tgl. 8.30–17, April–Okt. 8.30–19.30 Uhr, www. pompeji.de*

Ischia [113 D5]

Ischia (50 000 Ew.), größte der drei Inseln vor dem Golf von Neapel, vulkanischen Ursprungs und überzogen von dunkel glänzenden Orangen- und Zitronenhainen, erste Griechenkolonie Italiens (775 v. Chr.), ist weltbekannt für seine Thermalquellen und Fangokuren in ansprechenden Hotelanlagen und paradiesischen Thermalgärten. Ausführlich berichtet der MARCO POLO Band »Ischia«.

Paestum [116 A4]

★ Am südlichen Bogen des Golfs von Salerno erheben sich 100 km südöstlich von Neapel diese wunderbar erhaltenen dorischen *Tempelanlagen* (Basilika, Neptun- bzw. Hera- und Ceres- bzw. Athene-Tempel, 6./5. Jh. v. Chr.) der antiken Stadt Poseidonia, aus der die Römer Paestum machten. Die Araber zerstörten die Stadt im 9. Jh., und ihre Ruinen lagen noch bis vor zwei Jahrhunderten unter dichter Vegetation verborgen *(tgl. 9 Uhr–2 Std. vor Sonnenuntergang)*. Das unbedingt zu besuchende *Museo Archeologico (tgl. 9–18.30 Uhr, 1. und 3. Mo im Monat geschl.)* auf der antiken Anlage zeigt Tempelfriese, Statuen und griechische und lukanische Wandmalereien, darunter die hinreißend bemalte Grabplatte, auf der ein Mann mit einem Kopfsprung in ein Schwimmbad beziehungsweise ins Jenseits springt.

In der Ebene des Flusses Sele zwischen Salerno und Paestum weiden die Büffel, deren Milch die beste Mozzarella Italiens ergibt. Büffel und Pferde werden 1 km von Paestum auf dem schönen Gutshof *Seliano* gezüchtet, wo man wohnen und essen (frische Mozzarella!)

kann *(14 Zi., Tel. 08 28 72 36 34, Fax 08 28 72 45 44, www.agrituris moseliano.it, €).*

Procida [113 D5]

Procida (10 000 Ew.), die kleinste Insel im Golf, kennen vor allem die Neapolitaner: von Pozzuoli und den Hafenpiers in einer halben Stunde zu erreichen, nur knapp 4 km lang, ganz aus zerfetztem Lavagestein, voller Zitrusplantagen und Weinberge und dicht mit Fischerhäusern besiedelt. Auf dem höchsten Punkt eine *Festungsanlage* und eine sehenswerte *Abteikirche*. Hoteltipp: *Crescenzo, 20 Zi., Marina di Chiaiolella 33, Tel. 08 18 96 72 55, Fax 08 18 10 12 60, www.hotelcrescenzo.it, € – €€*

Salerno [116 A3]

Beeindruckend liegt Salerno an seiner Hafenbucht. Sie sollten einen Besuch wagen: Durch die einst schäbige Stadt (145 000 Ew.) weht ein neuer Wind, es wird überall restauriert, Plätze, lebhafte Boulevards (z. B. Via Roma) und schöne Uferpromenaden laden zum Bummel ein. Und der wunderbare *Dom San Matteo* mit seinem kostbaren Bronzeportal noch aus der Zeit als Kapitale des süditalienischen Normannenreichs ist ein Muss für Kulturinteressierte.

Vesuv (Vesuvio) [113 E–F5]

Auf den Hängen des Vesuvs 20 km östlich von Neapel wachsen auf seiner fruchtbaren Lavaerde Zitronenbäume und der Wein Lacrimae Christi. Die Aufspaltung in die heutigen zwei Gipfel geschah beim Ausbruch von 79 n. Chr. Hinauf gelangt man mit Bus oder Auto von Torre del Greco oder Ercolano aus. Die letzten paar Hundert Meter bis an den Kraterrand genießt man die Natur auf einem 20-minütigen Spaziergang über Lavaschotter. *Tgl. 9 bis 15.30 Uhr, nur mit Führung*

Lavaschotter: Wie fruchtbar seine Erde ist, sieht man dem Vesuv nicht an

Zwei Meere umspülen die Stiefelspitze

Antike Griechenkolonien, archaische Höhlenstädte und abgeschiedene Bergwelten

Mit der Stiefelspitze tippt Kalabrien (ital. Calabria) fast an Sizilien. Die lange, felsenreiche Halbinsel des äußersten Mezzogiorno umspülen das Ionische Meer im Südosten und das Tyrrhenische Meer im Westen. Über das Pollinomassiv findet diese Halbinsel im Norden den Anschluss ans »Festland«, an die Basilikata (ital. Basilicata), das abgeschiedene Landesinnere des Südens mit nur zwei kurzen Meerkontakten, mit knapp 80 km nur ein Zehntel im Vergleich zu den 800 km kalabrischer Meeresküste.

Im tiefen Süden Italiens beeindrucken grandiose Landschaften, in der Basilikata etwa die Lukanischen Dolomiten, kahle, steile Kalkfelsen über saftig grüner Vegetation, das zum Nationalpark erklärte Pollinomassiv, das sich die Basilikata mit Kalabrien teilt, dann die Wälder und Wiesen der Mittelgebirgslandschaft der Sila, schließlich im südlichsten Zipfel die raue Gebirgslandschaft des Aspromonte: Hier können Sie

Unverwechselbar: die fünf Kuppeln der byzantinischen Backsteinbasilika La Cattolica in Stilo

Ganz im Süden locken Strände: Allein Kalabrien zählt 800 km Küste

schöne Wandertouren unternehmen; man begegnet mediterranem Bauernleben und herzhafter Küche. Auch die Kultur kommt bei einem Urlaub im äußersten Süden nicht zu kurz, vor allem die Spuren der antiken Griechensiedlungen sind zu entdecken.

Nach dem Niedergang der reichen griechischen Handelsstädte, die einst direkt am Meer lagen, zogen sich die Menschen in den Schutz und die Isolation der Berge zurück. Eigentlich hat erst mit dem 20. Jh. die Rückkehr an die Küste eingesetzt: In den wenigen Ebenen, wie bei Metapont oder Sibari, werden dank moderner Bewässerung neben den traditionellen Oliven-,

Lido di Metaponto: Wo einst Pythagoras lehrte, wird heute geplantscht

Mandel- und Weinkulturen Obst, Gemüse, Blumen und Tabak angepflanzt. Die Cassa per il Mezzogiorno hat hier und dort gewaltige, doch meist wenig effiziente Industrieanlagen aus dem Boden gestampft. Auffallend sind auch die vielen Bauruinen in der Landschaft. Jeder küstennahe Bergort baut sich seinen Ableger direkt am Meer, eine *Marina,* schnell zusammengehauene Feriensiedlungen und große Hotelanlagen – oft die typische Betontristesse moderner süditalienischer Bebauung –, im Winter Geisterstädte, im Sommer von Mitte Juli bis August chaotisch überfüllt. Da sind Juni und September viel bessere Reisemonate. Und längs der beiden Meeresküsten gibt es Flecken mit besonders schönen Stränden und sauberem Wasser, die immer mehr Feriengäste anziehen: an der ionischen Küste etwa die *Costa dei Gelsomini,* die Jasminküste zwi-

schen Locri und Stiefelspitze, oder den *Golf von Squillace* mit Soverato, schließlich die Strände der Halbinsel *Capo Rizzuto.* An der tyrrhenischen Küste lohnen vor allem die *Costa Viola* zwischen Villa San Giovanni und der Hafenstadt Gioia Tauro, dann die Halbinsel *Capo Vaticano* mit Tropea, der Perle Kalabriens, und schließlich der *Golf von Policastro* mit Maratea.

IONISCHE KÜSTE

Mit *Metaponto* **[118 A4]** am Golf von Tarent grenzt die flache, fruchtbare Küstenebene der Basilikata mit feinen Sandstränden und mäßig attraktiven Feriensiedlungen ans Ionische Meer. Heute kaum mehr zu glauben, doch in der Antike war Metapontion eine hoch entwickelte Griechenstadt, berühmt für ihre Philosophenzirkel, auch Pythagoras soll hier gelehrt haben. 15 Säulen eines dorischen Tempels, die *Tavole Palatine* (längs der Staatsstraße 106), sind übrig geblieben ebenso wie weitere Tempelreste im *Parco Archeologico (tgl. 9 Uhr–1 Std. vor Sonnenuntergang).* Ein *Museum* bei *Metaponto Borgo* zeigt Ausgrabungsstücke *(Mo 14–20, Di–So 9–20 Uhr).* Eine nette Alternative zu den Hotels ist die ländliche Anlage *Agriturismo Macchiagricola (SS 106 km 444, Tel./Fax 08 35 47 01 94, www.macchiagricola.com, €–€€)* mit 18 Apartments in einem Zitrushain. Und im beschaulichen alten Burgstädtchen *Bernalda,* 12 km von Lido di Metaponto landeinwärts über dem Basentotal gelegen, isst man gute Lokalküche im *La Locandiera (Corso Umberto I 194, Tel. 08 35 54 32 41, Di geschl., €).*

Eine zweite bedeutende Griechenstadt war *Heraclea* **[118 A5]** 20 km südlich von Metapont *(Museo Nazionale della Siritide in Policoro, Di 14–20, Mi–Mo 9–20 Uhr),* dazu Funde aus Siris, einer dritten Griechenstadt. *Nova Siri,* ebenfalls eine antike Siedlung, hat eine beschauliche Altstadt im Landesinneren und eine attraktive Strandmeile mit Cafés und Trattorien zu bieten.

An der Küste Kalabriens lag einst die reiche, ob ihres raffinierten Lebensstils schon zu Lebzeiten legendäre Griechenstadt Sybaris, in der im 6. Jh. v. Chr. über 300 000 Menschen lebten. Ihre eindrucksvollen Ruinenreste finden sich an der neuen Küstenstraße (SS 106) südlich des modernen *Sibari* (**[121 D3]**, 2500 Ew.) im Ortsteil Parco del Cavallo. Hier steht auch das *Museo Archeologico Nazionale della Sibaritide (Di–So 9–20 Uhr).*

Während es ins Landesinnere hinauf ins Pollinomassiv geht, gehört zur meerzugewandten Seite das alte Städtchen *Rossano Calabro* **Insider Tipp**

MARCO POLO Highlights
»Im Süden«

★ **Bronzi di Riace**
In Reggio di Calabria zwei original griechische Kriegerstatuen, 1972 völlig intakt auf dem Meeresgrund geborgen (Seite 77)

★ **La Cattolica**
Besterhaltene byzantinische Kirche ganz aus Ziegelsteinen in Stilo (Seite 74)

★ **Maratea**
Netter Ort an einem besonders schönen, exklusiven Küstenabschnitt (Seite 78)

★ **Tropea**
Spektakulär auf einem Felsriff überm Strand liegt der attraktivste Ferienort Kalabriens (Seite 79)

★ **Sassi**
In den Höhlen und Grotten von Matera: eine bis in die Fünfzigerjahre bewohnte Stadt und byzantinisch ausgemalte Kapellen (Seite 75)

★ **Monte Pollino**
Grandiose Berglandschaft – ein Wanderparadies (Seite 76)

([**121 D3**], 36 000 Ew.). Seine Rolle im Mittelalter als bedeutendes byzantinisches Kulturzentrum bezeugen die uralten Gotteshäuser, allen voran die orientalisch anmutende Kirche *San Marco* aus dem 9./10. Jh. Der Höhepunkt aus dieser Vergangenheit ist der *Codex Purpureus Rossanensis* im *Museo Diocesano (Okt.–Mai Di–Sa 9.30–12.30 und 16–19, So 10–12 und 16.30–18.30 Uhr, Juni–Sept. tgl. 9–13 und 16.30 bis 20 Uhr)* nahe der Kathedrale, ein im 6. Jh. von griechischen Basilianermönchen auf purpurrotem Pergament gemaltes Evangelienbuch. Auskunft und Stadtführungen bei der *Cooperativa Neilos (Piazza Duomo 25, Tel. 09 83 52 52 63, neilos@mediterranea-net.it)*.

Lebhafte moderne Badeorte sind *Lido Sant'Angelo* und *Rossano Scalo*. Eine besonders schöne Unterkunft auf einem idyllischen Biolandgut in den Anhöhen bei Rossa-

no mit zehn rustikal-eleganten Zimmern und Apartments sowie mit gutem Essen und Reitpferden ist *Le Colline del Gelso (Ortsteil Gelso-Mazzei, SS 106 km 327, Tel./Fax 09 83 65 91 36, www.lecollinedelgelso.com, €–€€)*.

Ein Ausflugsziel 18 km außerhalb ist die eindrucksvolle griechisch-byzantinische ☙ Klosteranlage *Santa Maria del Patire* aus dem 12. Jh. oberhalb von Rossano. Als originelles Mitbringsel empfiehlt sich echtes Lakritz in hübschen Dosen aus der *Lakritzfabrik Amarelli (Verkauf tgl. 7.30–20 Uhr, SS 106, Ortsteil Amarelli bei Rossano Scalo, www.amarelli.it, Fabrikbesuch anmelden unter Tel. 09 83 51 12 19)*.

Die Felsküste holt weit aus ums Silamassiv, vorbei an *Cirò* und Cirò Marina, berühmt für die Weinberge und den gleichnamigen Wein. Man kommt nach *Crotone* (vor 2500

Lakritz

Wo seit den Griechen Süßholz geraspelt wird

Damit sind die Wurzeln der Lakritzpflanze gemeint: Schon in der Antike hatte man entdeckt, dass die Wurzel der ansonsten unscheinbaren Lakritzpflanze extrem süßstoffreich ist. In der Medizin nutzte man einst den Lakritzextrakt, um den oft extrem bitteren Geschmack der Heilmittel zu versüßen. Als wild wachsende Pflanze muss Lakritz, wissenschaftlich *glycyrrhiza glabra* genannt, nicht einmal eigens angebaut werden, im gesamten Mittelmeerraum ist die Pflanze überall anzutreffen. Doch gibt es einen Flecken, wo die Wurzel erwiesenermaßen den besten Geschmack hat, und der liegt in Kalabrien bei Sibari und Crotone. Aus den Wurzelbergen, die alljährlich hier zusammengetragen werden, gewinnt die Familie Amarelli seit 1731 die Lakritzmasse, aus der sie köstliche Pastillen, Stäbchen und Lakritzlikör herstellt.

Jahren das griechische Kroton), heute eine unattraktive Industriestadt, und zur  Halbinsel von *Isola di Capo Rizzuto* **[121 F6]**, einer Felsplatte, die weit ins Meer hineinreicht. Wegen ihrer wunderbaren rötlichen Sand- und Kieselstrände und einem artenreichen Meeresgrund (unter Naturschutz) ist sie beliebt bei Urlaubern und Tauchern, entsprechend groß ist das Angebot an Hotels, Campingplätzen und aufwändigen Feriendörfern mit allen erdenklichen Fitness- und Sportangeboten (bei vielen Reiseveranstaltern im Katalog). Auf der äußersten Nordspitze *Capo Colonna* steht einsam eine *dorische Säule*, letztes, fotogenes Überbleibsel eines Hera-Tempels. Im Süden der Halbinsel liegt der Ortschaft *Le Castella* vorgelagert ein über einen Damm erreichbares Felsinselchen mit einer imposanten Kastellanlage der Aragoneser, eine echte Touristenattraktion. Im Ortskern von Le Castella wartet das Hotelrestaurant *Da Annibale (Via Duomo 35, Tel. 09 62 79 50 04, Fax 09 62 79 53 84)* mit besonders guter Küche *(tgl., €€)* und 16 einfachen Zimmern (€) auf. Das Hinterland von Crotone und Isola di Capo Rizzuto bildet das Marchesato, einst dicht bewaldete Hügel, die von Großbauern abgeholzt wurden und heute streckenweise eine verwitterte Erosionslandschaft bilden.

Auch *Catanzaro* (**[123 D–E 1–2]**, 102 000 Ew.) im Landesinneren (wie üblich in einen alten und einen neuen Ortsteil gespalten), Verwaltungssitz der Region Kalabrien, hat seinen Ableger am Meer, Catanzaro Marina. Oberhalb Catanzaros führt eine herrliche Panoramastraße (SS 19) hoch in die Berge in das

Dorische Säule am Capo Colonna: Überbleibsel eines Hera-Tempels

mittelalterliche Örtchen *Tiriolo* **[123 D1]**, berühmt für seine Aussicht auf beide Meere und für schöne Webarbeiten (Teppiche, Decken, Seidenschals).

Ein schöner Küstenabschnitt erstreckt sich von Squillace Lido gen Süden. Das alte *Squillace* mit den antiken Siedlungsresten im *Parco Archeologico Rocceletta di Borgia (tgl. 9 Uhr–1 Std. vor Sonnenuntergang)* liegt ein paar Kilometer landeinwärts auf von Olivenhainen bewachsenen Hügeln. An der Küste tummeln sich lebhafte Badeorte wie *Soverato, Copanello, Badolato* mit aufwändig ausgestatteten Ferienanlagen und Campingplätzen vor schönen Stränden und glitzernd-sauberem Meereswasser. Dagegen eine ländlich abgeschiedene Unterkunftsempfehlung: von Soverato 25 km landeinwärts in *Torre di Ruggiero* die *Locanda I Basiliani (6 Zi., 7 Apartments, Ortsteil San Basile, Tel./Fax 09 67 93 80 00, www. ibasiliani.com, €)* mit Pool.

Weiter südlich führt ein erneuter Abstecher 15 km ins Landesinnere, wo auf 400 m in den von Olivenbäumen übersäten Bergen das ☙ Städtchen *Stilo* ([**123 D3**], 3500 Ew.) liegt, bekannt wegen der kleinen, rotbraunen Backsteinbasilika ★ *La Cattolica* mit ihren fünf kompakten Kuppeln, ein völlig intaktes byzantinisches Gotteshaus aus dem 10. Jh. – eine der großen Sehenswürdigkeiten Kalabriens.

Die in den letzten Jahrzehnten entstandenen Badeorte im weiteren Küstenverlauf haben fast alle einen alten, pittoresken Kern auf den Anhöhen über der Küste; auf Sehenswertes stößt man zwischen Bovalino Marina und Locri: die Ruinen des alten griechischen *Lokroi Epizephyriä* [**122–123 C–D5**], Reste von Tempeln, einem griechisch-römischen Theater und dem Heiligtum der Persephone. Einige ihr gewidmete Votivtafeln, die so genannten *pinakes* aus Terrakotta, finden sich im *Museo Archeologico Nazionale* von *Locri (*[**123 D4**]*, Di–So 9 bis 19.30 Uhr)* wie auch im Nationalmuseum von Reggio di Calabria.

Im malerischen mittelalterlichen ☙ *Gerace* [**123 D4**] in den Bergen beeindruckt eine romanische *Kathedrale* aus Bauelementen des antiken Locri. Ebenfalls in altem Gemäuer speist man in der Trattoria *Lo Sparviero (Via Luigi Cadorna 3, Tel. 09 64 35 68 26, Mo geschl., €)*. Eine ☙ Passstraße führt hinüber auf die andere Küstenseite ans Tyrrhenische Meer bei Gioia Tauro, vom ☙ *Passo del Mercante* [**122 C4**]

hat man herrliche Ausblicke auf beide Meere.

DAS LANDESINNERE

Cosenza und die Sila   [**120–121 C–E 4–5**]

Wie so oft im Süden: die einladende Altstadt mit eindrucksvollem *Dom* (13. Jh.) und stattlichem ☙ *Kastell* aus Normannen- und Stauferzeit liegt auf dem Berg und auf der anderen Seite des Flussbetts des Busento die flache, anonyme Neustadt (insgesamt 73 000 Ew.), allerdings lebhaft und mit bedeutender Universität. Im Busento soll der Gotenkönig Alarich, erster Plünderer Roms, mit seinen Raubschätzen begraben liegen. Ein gutes Restau-rant beim Kastell: *L'Arco Vecchio (Piazza Archi di Ciaccio 21, Tel. 098 47 25 64, So geschl., € – €€)*.

Im Landesinnern, östlich von Cosenza, erstrecken sich die Berg-, Wald- und Seenlandschaften der *Sila Greca,* der *Sila Grande* und der *Sila Piccola,* in den letzten Jahren zunehmend vom Wander- und Skitourimus erschlossen mit Orten voller Hotels wie *Camigliatello, Lorica* und *San Giovanni in Fiore.*

Dolomiti Lucani   [**117 D–E 3–4**]

Große, weite Flusstäler führen hinauf in den Appennino Lucano, z. B. durchs Basentotal Richtung *Potenza (*[**117 D3**]*,* 65 000 Ew.), der nüchternen Regionalhauptstadt der Basilikata. Das eigentliche Ziel aber sind die ☙ Dolomiti Lucani, steile, stiftartige Kalkfelsen über einer grünen, wald- und wiesenreichen Mittelgebirgslandschaft – ein mit Wander-, Kletter- und Bikerouten erschlossenes Paradies für Natur-

Wohnungen, Häuser, ja ganze Kirchen hat man in Matera in den Fels gegraben

freunde. Vor der Kulisse der Berge liegen sympathische Dörfer wie *Castelmezzano* und *Pietrapertosa* [**117 E4**]. Das südlichere *Agrital* [**117 D–E 4–5**] in mediterraner Hügellandschaft wartet mit dem großen Stausee *Lago Pertusillo,* der alten römischen Siedlung *Grumentum (archäologischer Park tgl. 9–17 Uhr, in Grumento Nova das Museo Archeologico Mo 14–20, Di–So 9 bis 20 Uhr),* der sehenswerten Altstadt von *Moliterno* und dem Marienwallfahrtsort *Viggiano* auf.

Matera [**117 F3**]

Ein romanisch-normannischer *Dom* (13. Jh.), eine *Feudalburg* von 1515, die *Chiesa del Purgatorio* mit makabren Fegefeuerszenen, doch die ganz große Sehenswürdigkeit Materas (57 000 Ew.) in der Basilikata, 30 km vom Golf von Tarent entfernt, sind die ★ *sassi:* in Felswände hineingegrabene Häuser, in denen noch bis in die Fünfzigerjahre über 20 000 Menschen lebten,

vom Nachkriegsitalien als nationale Schande empfunden, die Aussiedlung war die Folge. Mel Gibson drehte 2002 hier seinen Christus-Film »The Passion«. Heute stehen die *sassi* unter Unesco-Schutz. Es gibt Ansätze einer erneuten Nutzung, Wohnungen entstehen, und im Sommer liefern sie die Kulisse zu Ausstellungen zeitgenössischer Bildhauer aus aller Welt.

In der *Caffetteria Terrazza dell'Annunziata (Mo geschl.)* an der lebendigen *Piazza Vittorio Veneto* mit Blick auf die *sassi* trifft man sich zu süßen und herzhaften Köstlichkeiten oder zum Aperitif. Schmackhafte Lokalküche bekommen Sie im *Il Cantuccio (Via delle Beccherie 33, Tel. 08 35 33 20 90, Mo geschl., €).* Eine Übernachtung in der Höhlenstadt sollten Sie sich nicht entgehen lassen, z. B. im einfach-geschmackvollen Hotel *Sassi (22 Zi., Via San Giovanni Vecchio 89, Tel. 08 35 33 10 09, Fax 08 35 33 37 33, www.hotelsassi.it, € – €€).*

Insider Tipp

In der Umgebung Materas (und ebenso bei den nahen apulischen Städtchen Mottola und Massafra) verstecken sich in unwegsamer Vegetation zahlreiche mittelalterliche **Grottenkirchen,** in denen teilweise noch byzantinische Freskenmalereien überlebt haben. Um sie zu besuchen, sollte man einen Führer kontaktieren: *Touristenbüro in Matera, Via De Viti De Marco 9, Tel. 08 35 33 19 83, Fax 08 35 33 34 52.* Führungen und Wanderungen bietet an: *Matera Turismo, Via Cappelluti 34, Tel. 08 35 33 65 72, www.materaturismo.it*

**Melfi und
Monte Vulture** [116 C2]

Bedeutendes Zentrum im Norden der Basilikata ist das sehenswerte Städtchen Melfi (17 000 Ew.) an der Nordflanke des Monte Vulture (1327 m), eines erloschenen Vulkans, auf dessen fruchtbarer Erde Wein und Wälder gedeihen – und ein relativ neues, doch von der Schließung bedrohtes Fiat-Werk. Die Wälder erinnern an den alten Namen der Region, Lucania (von *lucus* = Wald). Beliebte Ausflugsziele sind die beiden ◄↓► *Kraterseen von Monticchio* mit zwei Benediktinerklöstern. *Melfi* selbst war im 11. Jh. erster Stützpunkt der Normannen in Süditalien. Im später von Friedrich II. umgebauten *Kastell* zeigt das *Museo Nazionale del Melfese (Mo 14–20, Di–So 9–20 Uhr)* frühgeschichtliche Funde.

In *Barile,* ein paar Kilometer südlich, lagert in Felskellern der rote Aglianico, einziger DOC-Wein der Basilikata. Hier trinkt man ihn zu einer der besten Küchen Süditaliens im schönen Hotelrestaurant *La Locanda del Palazzo (Piazza Caraccio-*

lo 7, Tel. 09 72 77 10 51, So-Abend und Mo geschl., www.locandadel palazzo.com, €€–€€€, auch 11 Zi., €€). 20 km östlich Melfis liegt *Venosa* [117 D2] mit stattlichem *Schloss, Kathedrale* (15. Jh.), *Geburtshaus* des römischen Dichters Horaz (hier 65 v. Chr. geboren) und der romantischen Ruine der normannischen *Klosteranlage Trinità.*

Monte Pollino [120 C2–3]

★ ◄↓► Die Grenze zwischen der Basilikata und Kalabrien verläuft genau über den Monte Pollino (2248 m). Sein weitläufiges, mächtiges Bergmassiv, mit seinen naturgeschützten 192 000 ha größter Nationalpark Italiens, faltet sich mal dicht bewaldet, mal als nackte Kalkfelsen auf. Wahrzeichen des Pollino ist der nur noch hier anzutreffende *pino loricato,* die antike, bizarre Panzerföhre. Eine spektakuläre ◄↓► Cañonlandschaft hat der Fluss Raganello nahe bei *Castrovillari* [120 C2–3] gegraben. Diese Kleinstadt (17 000 Ew.) mit aragonesischem *Kastell* und der *Renaissancekirche San Giuliano* eignet sich als Ausgangspunkt ins Pollinomassiv, auch weil sich hier ein reizendes Hotel im Grünen mit Schwimmbad und legendär guter Küche *(So geschl., €€–€€€)* befindet: *La Locanda di Alia (14 Zi., €€, Via Jetticelle 55, Tel. 098 14 63 70, Fax 098 14 65 22, www.alia.it).* In verschiedenen, über das gesamte Nationalparkgebiet verteilten Ortschaften gibt es Besucherzentren mit Kartenmaterial und Adressen von Tourenführern, etwa in *Terranova di Pollino* (hier die sehr beliebte Trattoria *Luna Rossa, Via Marconi 18, Tel. 097 39 32 54, Mi geschl., €),* in *Mormanno* oder in

Rotonda (hier der Hauptsitz: *Ente Parco Nazionale del Pollino, Via delle Frecce Tricolori 6, Tel. 09 73 66 93 11, www.parcopollino.it*).

Besonders pittoresk ist der  Bergort *Morano Calabro* **[120 C2]**, eine Kaskade alter Häuser, ein Kastell, eine Barockkirche mit bunt geschindeltem Kuppeldach. Im mitelalterlichen *Altomonte* **[120 C3]** sollten Sie unbedingt im Hotelrestaurant *Barbieri (Via San Nicola 30, Tel. 09 81 94 80 72, Fax 09 81 94 80 73, www.barbierigroup. it, €–€€)* mit 42 eleganten Zimmern und zehn Apartments in der Altstadt einkehren. Die hausgemachten Köstlichkeiten wie Olivenöl, eingelegte Artischocken, Knoblauchpastete, *peperoncini,* Feigenmarmelade ersteht man in der dazugehörigen *Bottega di Casa Barbieri.*

Im Pollinomassiv und in der Sila Greca leben in einigen Dörfern noch die Nachfahren der Albaner, die im 15. Jh. vor den Türken nach Süditalien flüchteten. Ihre Sprache haben sie vielfach bewahrt, auch ihr Brauchtum.

Reggio di Calabria und Aspromonte

[122 B5] Vor 2500 Jahren unter dem Namen Rhegion Teil der Magna Graecia, noch im 19. Jh. ob seiner breiten Alleen von Reisenden als kleines Paris gerühmt, 1908 durch ein Erdbeben zerstört, heute in der Zange zwischen organisierter Kriminalität und Arbeitslosigkeit, besucht man Reggio Calabria (180 000 Ew.) wegen der ★ *Bronzi di Riace,* zwei der schönsten an-

Aspromonte: Das bewaldete, zerklüftete Gebirge ist Ziel für Naturtouristen

Fatalismus

In den Sprichwörtern offenbart sich die Landesmentalität

Von den zahlreichen Fremdherrschaften, die die letzten 1000 Jahre der süditalienischen Geschichte prägten, sehen Touristen die stattlichen Überbleibsel wie Paläste, Kastelle, Kirchen, aber was sie im Gemüt der Menschen hinterlassen haben, offenbaren am ehesten die Sprichwörter wie etwa *Contintàmmusi di stu re, cà chiddu chi veni 'un si sapi com'è:* »Lasst uns mit diesem König zufrieden sein, denn wer weiß, wie der nächste sein wird.« Oder folgendes: *Càlati, juncu, chi passa la china:* »Beuge dich, Binsengras, auf dass der Sturm drüber wegziehe.« Von selbstbewusstem Bürgersinn kann da kaum die Rede sein, ein nach wie vor aktuelles Problem des Südens, auch wenn sich in letzter Zeit einiges tut.

tiken Bronzestatuen, zwei Krieger, intakte griechische Originale aus dem 5. Jh. v. Chr. Sie wurden 1972 im Sand des Ionischen Meeres vor Riace gefunden und sind im *Museo Nazionale (Piazza De Nava 26, Di bis So 9–19.30 Uhr)* zu bewundern. An der schönen Meerespromenade ✹ *Lungomare Matteotti* stärkt man sich in einladenden Cafés.

Am ziemlich hässlich zersiedelten ✹ Küstenabschnitt von Reggio di Calabria, der sich um die äußerste Stiefelspitze zieht, beeindrucken lediglich die phantastischen Ausblicke auf das nahe Sizilien (von Reggio und Villa San Giovanni starten die Fährschiffe).

Briganten, heute versteckt hier die kalabrische Mafiaorganisation 'ndrangheta ihre Entführungsopfer. Gleichzeitig aber entdecken junge Kalabresen und Touristen mit Hilfe von ländlichen Ferienunterkünften und Wandertouren seine wilde, unberührte Natur, mittlerweile unter Naturschutz gestellt. An seinen Südflanken spricht man noch das antike griechische Idiom *grecanico*. Die schönste ✹ *Panoramafahrt* über den Aspromonte führt von Bagnara Calabra an der tyrrhenischen nach Melito di Porto Salvo an die ionische Küste. Hier bietet das halb verlassene *Pentedattilo* vor bizarren Felsen ein beliebtes Fotomotiv.

ZIEL IN DER UMGEBUNG

Aspromonte [122 B–C5]
✹ Das Hinterland Reggios bildet der Aspromonte, der zerklüftete, dicht bewaldete Ausklang des Apennins, der im Granitfelsen Monte Cocuzza (1955 m) gipfelt. Hier versteckten sich früher die

TYRRHENISCHE KÜSTE

Golf von Policastro [120 B2–4]
Die Basilikata berührt bei ★ *Maratea* (5000 Ew.) mit einer wunderschönen ✹ Steilküste aus Riffen

und Grotten das Tyrrhenische Meer: idyllisch zwischen Felsen und duftender mediterraner Vegetation eingebettete Strandbuchten und malerische Ortschaften im Hinterland wie Maratea, Lauria, Rivello haben aus dem Golf eine feine Ferienadresse gemacht. Zauberhaft das Jugendstilhotel *Villa Cheta Elite (20 Zi., Tel. 09 73 87 81 34, Fax 09 73 87 81 35, www.villacheta.it, €€€) bei Acquafredda* oder bei *Castrocucco,* nicht direkt am Meer, das nette Landhotel *La Tana* mit gutem Restaurant *(40 Zi., Tel. 09 73 87 17 70, Fax 09 73 87 17 20, € – €€).*

An den Golf schließt sich nach Süden eine Reihe im Hochsommer überquellender, verbauter Badeorte an. Hübsche Flecken sind *Praia a Mare* mit dem Grotteninselchen Isola di Dino, *Cirella* und *Diamante* mit ihren *murales,* von zeitgenössischen Künstlern bemalten Häuserwänden. Nach *Cetraro* kommt man auch wegen des Villenhotels *San Michele (78 Zi., Tel. 098 29 10 12, Fax 098 29 14 30, www.sanmichele.it, €€€). Costa dei Cedri* heißt dieser Küstenabschnitt wegen der *cedri,* der herben Zedratzitronen, ideal für viele süditalienische Süßspeisen.

Tropea [122 B3]

★ Die Halbinsel bricht mit Steilküsten ins Meer, Tropea (7500 Ew.) erhebt sich auf dem Felsen direkt überm Strand. Die spektakuläre Lage, ein schöner alter Kern aus Palazzi und Kirchen, die feinsandigen, gepflegten Strände und ein sauberes Meer haben Tropea und Umgebung zur Hochburg des kalabrischen Küstentourismus gemacht – mit Hotels, Campingplätzen, zahlreichen Sportangeboten und allabendlich belebter Altstadt.

In einem dichten Zitronenhain 3 km östlich in *Parghelia* liegt das schöne, gut ausgestattete Bungalowhotel *Baia Paraelios (72 Wohnungen, Tel. 09 63 60 03 00, Fax 096 36 00 04, www.baiaparaelios. com, €€€).* Südlich der Halbinsel folgen *Gioia Tauro,* der größte Handelshafen Süditaliens, *Palmi* mit einem interessanten Volkskundemuseum und *Bagnara Calabra,* bekannt für seine Schwertfischflotte. Das Tyrrhenische und das Ionische Meer treffen sich in der Meerenge *Stretto di Messina* bei *Scilla;* die starken Strömungen verarbeitete Homer in der Odyssee als Drachen Skylla und als Schlundungeheuer Karybdis.

Fußball oder Beachvolleyball, Boccia oder Liegestuhl: Die breiten Strände von Praia a Mare bieten sportlichen wie gemütlichen Naturen Platz

Stauferburgen und etruskische Kultur

Die Touren sind in der Karte auf dem hinteren Umschlag und im Reiseatlas ab Seite 108 grün markiert

1 ETRUSKERSTÄDTE IN LATIUM

Diese Tour, eine Rundreise von gut 300 km, führt durch das alte Etruskerland. Als Rom noch ein Hirtendorf war, gab es in seinem Norden längst die hoch zivilisierten Städte der Etrusker. Dank ihres Totenkultes, der sich in riesigen Totenstädten ausdrückte, den *necropoli* mit unterschiedlichen Gräberformen, die mit kostbaren Grabbeigaben reich ausgestattet waren, ist bis heute ihre Kunst – obschon viel durch Grabräuberei verloren ging – erhalten geblieben. Die Tour, für die Sie zwei Tage veranschlagen sollten, beginnt und endet in Rom, das ebenfalls etruskischen Ursprungs ist.

Ein paar Erlebnistipps machen diese Tour auch für Abenteuerlustige spannend: So gibt es in den Tolfabergen bei *Canale Monterano* den Reiterhof *Associazione Equestre Caino* (Tel. 069 96 41 37, www.aecaino.

Schon zu Zeiten der Etrusker bewohnt, präsentiert sich Tuscania im nordwestlichen Zipfel des Latium heute mittelalterlich geprägt

com), der <mark>Reitwanderungen durch diese aufregende Bergwelt</mark> anbietet. Oder Sie übernachten in nachgebauten Etruskerhütten im *Centro di Archeologia Sperimentale* (Tel. 07 61 41 50 31, Fax 07 61 41 50 96, www.antiquitates.it, €), einem Ferienzentrum mit archäologischen Exkursionen nahe der Ausgrabungsstätte San Giovenale nördlich der Tolfaberge in *Civitella Cesi-Blera.*

Im Westen Roms führt die Via Aurelia (Strada Statale 1) Richtung Nordwesten zur Küste hin. Die erste Etruskerstadt ist das heute mittelalterliche *Cerveteri (S. 35)*, unter den Etruskern eine der Städte, die dem wachsenden Einfluss Roms im 4. Jh. v. Chr. heftigen, wenn auch vergeblichen Widerstand entgegensetzten. Ihre hochinteressante Nekropole liegt in heute einsamer Wiesenlandschaft unter Schirmpinien und Zypressen.

Zurück auf der Via Aurelia Richtung Civitavecchia kommen Sie an den Badeorten *Santa Severa* und *Santa Marinella* vorbei, beide mit Burgen des römischen Adelsgeschlechtes Odescalchi; in Santa Severa finden sich zudem die Reste des antiken etruskisch-römischen Hafens von Cerveteri.

Insider Tipp

Anstatt nun nach Civitavecchia weiterzufahren, empfiehlt es sich, von Santa Severa aus die Straße ins Landesinnere einzuschlagen in die *Monti di Tolfa:* Dieser Abstecher, der nach 44 km wieder zurück nach Civitavecchia führt, bietet eine schöne, teilweise bizarre Hügellandschaft (höchste Erhebung 579 m) voller mediterraner Vegetation und Buchen- und Eichenwälder. Aus dem Hügelgestein hatten schon die Etrusker und Römer Eisen gewonnen. Ein Einkaufstipp in Tolfa: die **rustikalen handgefertigten Taschen der** *butteri,* der heute noch existierenden Hirten zu Pferde, bei *Pelletteria Artigianale Tonino (Via Roma 133).* Die Straße durch die Monti di Tolfa mündet nördlich von Civitavecchia wieder in die Via Aurelia (SS 1).

Nach weiteren 20 km gelangen Sie nach *Tarquinia (S. 35),* ebenfalls eine bedeutende Etruskerstadt. Ihre Gräber sind berühmt für die Wandmalereien, die Rückschlüsse auf die heitere Lebensweise der Etrusker erlauben; die reichen Grabfunde zeigt das *Museo Etrusco.*

Insider Tipp

Weiter geht es auf der Via Aurelia, nun als mehrspurige Schnellstraße, nach *Montalto di Castro,* einem mittelalterlichen Weiler, mit weitem Sandstrand in Montalto Marina und bekannt ob seines riesigen Elektrizitätswerks. Hier zweigen Sie ab auf die SS 312 nach Norden Richtung Valentano. Nach 5,5 km führt eine Linksabzweigung durch bäuerliches, sanftes Hügelland zu den zwischen Weizenfelder gebetteten Ausgrabungsstätten der antiken Etruskerstadt *Vulci (S. 35).* Ihre reichen Kult- und Kunstschätze kann man im Museum in der mittelalterlichen Abtei *Abbadia di Vulci* bewundern.

Zurück auf der SS 312 fahren Sie zunächst ein Stück Richtung Montalto di Castro und nehmen nach wenigen Kilometern links die Straße nach *Tuscania (S. 35).* Die Fahrt führt durch einsame Hügellandschaft, die sich seit der Antike wohl nicht allzu sehr verändert hat. Nach rund 25 km ist die alte Etruskerstadt, heute mittelalterlich geprägt, erreicht. Zur Besichtigung empfehlen sich neben Fundstücken

Von außen völlig unscheinbar, innen kostbare Gemälde: etruskische Grabkammern in der Nekropole von Tarquinia

aus etruskischer Zeit auch zwei wunderbare mittelalterliche Kirchen.

Das nächste Ziel ist *Viterbo (S. 37)*: Obschon ganz von mittelalterlicher Kirchengeschichte geprägt, geht auch diese Siedlung auf die Etrusker zurück: Surrena hieß sie einst. Doch aus dieser Zeit sind nur die Steinquader der Dombrücke übrig geblieben; Ausgrabungsfunde zeigt das *Museo Archeologico*. In Viterbo finden Sie genügend Hotels und Restaurants, um den Abend und die Nacht zu verbringen.

Am nächsten Tag erwarten Sie in Norchia bei Vetralla erneut eindrucksvolle Etruskerreste. Von Viterbo nehmen Sie die SS 2 (die alte Römerstraße Via Cassia) gen Süden und erreichen nach 13 km Vetralla. Hier biegen Sie auf die SS 1 bis Richtung Tarquinia, schlagen aber nach 8,5 km rechts die Abzweigung nach *Norchia* ein. Nach weiteren 5,5 km sind die stimmungsvollen Reste der alten Etruskerstadt erreicht: wie Behausungen in Tuffstein gehauene Grabstätten, darüber verwunschen bewachsene, mittelalterliche Ruinen.

Über die SS 1 bis geht es nun wieder zurück nach Vetralla und auf die Via Cassia (SS 2) Richtung Rom, zunächst über *Sutri* mit mittelalterlichem Kern, in Tuffstein gehauenen Etruskergräbern und einem römischen Theater. Die Via Cassia wird jetzt zur Schnellstraße. Nach 27 km verlassen Sie diese neue Via Cassia und bleiben auf der alten Landstraße (SS 2): Hier lohnt ein kleiner Abstecher hinauf nach *Isola Farnese,* einem malerischen Weiler auf einer Felskuppe mit Kastell und Einkehrgelegenheiten, eine kleine, glückliche Insel in der schon beginnenden Siedlungsdichte vor

Rom. Am Fuße des Hügels verstreut liegen die Reste von *Veio,* der letzten alten Etruskerstadt vor Rom. Sehenswert ist vor allem das Grab *tomba delle anatre* mit den ältesten etruskischen Malereien. Von Isola Farnese sind es auf Schirmpinienalleen und an den ersten Vorstadtsiedlungen entlang noch 18 km ins Zentrum von Rom.

2 AUF DEN SPUREN DES STAUFERS FRIEDRICH II. IN APULIEN

Diese Tour von Foggia über Melfi, Trani, Altamura und durchs Trulli-Gebiet bis ins Hinterland von Brindisi (gut 550 km) führt durch Apulien und verbindet einige der Kastelle und Kathedralen, die auf den Staufer Friedrich II. zurückgehen, zunächst deutscher König und dann 1220 in Rom gekrönter Kaiser. Seine Bauten, die oft Vorgängerbauten der Normannen umwandeln, zeigen einen Stil, der sich an den klaren Formen der antiken Palastarchitektur orientiert, arabische Elemente integriert und schon die ersten Zisterziensereinflüsse spüren lässt: ein universaler, »multikultureller« Stil, der Friedrichs Programm einer politischen und kulturellen Neugestaltung Süditaliens widerspiegelt. Dabei zeigte er eine besondere Vorliebe für Apulien. Hier nennt man ihn lo Svevo, den Schwaben, Foggia ist heute die Partnerstadt von Göppingen, dem Zentrum des staufischen Stammlandes in Württemberg.

Verbindet man ein paar seiner schönsten Kastelle zu einer Route, lernt man zugleich auch die reiz-

Acerenza: Hügelstädtchen in der Basilikata mit sehenswertem Ortskern

volle Landschaft kennen – den weitläufigen Tavoliere, die Bergwelt um Melfi und ein Stück der abwechslungsreichen Küste Apuliens – sowie schöne Ortschaften, die abseits der Hauptrouten liegen. Zwei Übernachtungen sollten Sie einplanen.

Die Route beginnt in der Provinzhauptstadt *Foggia*. Vom Palast Friedrichs ist nur das Portal übrig geblieben, heute ist es in den Palazzo Arpi integriert. Dafür kann man sich zum Auftakt der Reise stärken in der *Trattoria Zia Marinella (Via Saverio Altamura 23–31, Tel. 330 65 45 10, So geschl., €)* in einer Altstadtgasse.

Auf der Staatsstraße SS 17 gelangen Sie nach 18 km nach *Lucera* im Westen, eine der ältesten Städte Apuliens, in dessen mittelalterlichen Festungsanlagen Friedrich einst seine Sarazenentruppen aus Sizilien untergebracht hatte, die seinen Schatz und die Münze bewachten.

Der Weg nach Melfi führt über *Troia* mit schöner apulisch-romanischer Kathedrale. Weiter Richtung Süden (SS 160, Schnellstraße SS 655) gelangt man nach *Melfi (S. 76)* mit stattlichem Kastell (Museum) noch aus der Normannenzeit und schon in der Nachbarregion Basilikata in der Berglandschaft des Monte Vulture gelegen.

Nächstes Ziel ist Lagopesole. Sie sollten nicht die ausgebaute SS 655 nehmen, sondern die sich durch die Berglandschaft windenden Landstraßen SS 401, 167 und 93, vorbei an den Seen Laghi di Monticchio, an Rionero in Vulture und Atella. In herrlicher Panoramalage erstreckt sich in *Lagopesole* das Jagdkastell

Friedrichs. Über *Barile (S. 76)* und das langobardisch-normannische Venosa geht es weiter nach *Palazzo San Gervasio* mit Resten einer Jagdburg Friedrichs.

Wer Zeit und Lust hat, sollte einen Abstecher in die gottverlassene Berggegend voller Grotten im Süden Venosas wagen, in die Dörfer albanischen Ursprungs wie *Ginestra, Ripacandida* (mit der Grottenkirche San Donato), in die sehenswerten Ortskerne von *Forenza* und *Acerenza.*

Nächste Etappe ist das sehenswerte *Canosa di Puglia (S. 43)*. Auf halber Strecke liegt *Minervino Murge,* auch der »Balkon über den Tavoliere« genannt. Hier lädt die Trattoria mit dem viel sagenden Namen *La Tradizione Cucina Casalinga (Do geschl., Via Imbriani 11–13, Tel. 08 83 69 16 90, €)* zur Einkehr. Ende September belebt eine eindrucksvolle Prozession zu Ehren des Erzengels Michael die Straßen von Minervino.

Nach Canosa erreichen Sie *Andria,* wo Friedrichs Sohn Konrad geboren wurde und im Dom zwei seiner Ehefrauen begraben liegen. 18 km südlich erhebt sich über die weite Landschaft aus Rebzeilen und Olivenhainen das eindrucksvollste Kastell des Staufers, das mystisch-esoterische *Castel del Monte (S. 42)*.

Zurück über *Andria (siehe Übernachtungshinweis S. 43)* führt die Route nun an die Küste nach *Barletta*. Abgesehen von den schönen Kirchen apulischer Romanik, die die Küstenorte Barletta, *Trani (S. 43)*, Molfetta und natürlich *Bari (S. 40)* zu bieten haben, finden sich hier auch die Zeugnisse staufischer Küstenbefestigung: In Barletta baute Friedrich eine arabische Festung

aus, in Trani reichen die klaren Formen des Kastells bis ins Meer hinein. Karl von Anjou nahm hier später ein paar Veränderungen vor, während die staufische Version der Festung Baris, der Ausbau einer byzantinisch-normannischen Vorgängeranlage, weit gehend unverändert erhalten ist.

Von Bari geht es über die SS 96 wieder ins Landesinnere nach *Altamura* auf der so genannten Murge Alta, einer Karstschicht. Friedrich baute die uralte Stadt nach ihrer Zerstörung durch die Sarazenen 1230 wieder auf. In dieser Zeit begann auch der Bau der Kathedrale. Altamura gehört zusammen mit Gravina in Puglia, Matera, Mottola und Massafra zu den Stätten so genannter Höhlenbesiedlung. Hier im Karst von Altamura wurde zudem 1993 das über 200 000 Jahre alte Skelett eines Mannes gefunden, zu sehen im Museum.

Ein weiteres Stauferkastell findet sich 32 km östlich in *Gioia del Colle*. Von dort führt ein Schlenker über die atemraubenden Tropfsteinhöhlen von Putignano und Castellana schließlich wieder südwärts ins *Trulli-Gebiet (S. 44)* um Alberobello.

Über Ceglie Messapica und Francavilla Fontana erreichen Sie schließlich *Oria* mit einer eindrucksvollen Stauferanlage. Wer seine Tour so legt, dass er in den ersten Augusttagen in Oria eintrifft, kann einem ==spektakulären historischen Reiterspiel== beiwohnen, zu dem auch ein Stauferumzug in prachtvollen historischen Kostümen gehört: Friedrich mit seinem Geleit aus Damen, Hofleuten, Sarazenen und Falknern – ein passender Abschluss.

Insider Tipp

Ideal zum Wandern und Tauchen

Die Natur- und Nationalparks des Südens sind ausgezeichnete Reviere für Wanderungen – besonders erlebnisreich als geführte Touren

Dieses Kapitel könnte man am Bolsenasee im oberen Latium beginnen, und zwar mit Angeln in den fischreichen Gewässern, mit Schwimmen im glasklaren Nass dieses weiten, wunderschön gebetteten Kratersees. Oder mit einem Reitausflug zu den etruskischen Totenstädten bei den Tolfabergen, dem Etruskerland im Latium. Wassersport jeder Art ist überall längs der Küste möglich, die großen erschlossenen Strände und Badeorte sind bestens dafür gerüstet, auch für Taucher finden sich ein paar besonders attraktive Stellen. Und wenn auch nicht so zahlreich wie etwa in Norditalien längs der Adriaküste, gibt es doch auch im Süden Italiens eine Reihe von großen Wasserspaßbädern. Die zweite große Attraktion für Bewegungshungrige sind die Berge des Südens, im Winter kann man auf manchen von ihnen sogar Ski fahren, im Frühling und im Spätsommer kommen die Wanderer voll auf ihre Kosten. Für Golfspieler sieht es im Süden Italiens noch nicht besonders gut aus, die Plätze sind höchst spärlich ge-

Statt »Thermalkur« heißt es jetzt »Wellness« – und Ischia ist wieder in

sät. Tennisplätze gibt es dagegen in allen größeren Touristenzentren, Ferienclubanlagen und auf Campingplätzen.

ANGELN

Ins Meer darf jeder seine Angel hängen (verboten ist es nur in den naturgeschützten Meeresreservaten, den *riserve marine*); für Flüsse und Seen besorgt man sich im örtlichen Rathaus *(municipio)* die gebührenpflichtige Genehmigung.

HOCHSEEFISCHEN

In manchen Fischerorten am Meer verdienen sich die Fischer ein Zubrot, indem sie auf ihre Fangzüge Touristen mit aufs Boot nehmen, die beim Einholen der Netze helfen dürfen. Den Ausflug schließt man gern mit einem gemeinsamen Fischessen ab. Fragen Sie in den Fremdenverkehrsämtern der Küstenorte nach *pescaturismo,* wie das die Italiener nennen. Angeboten wird das in manchen Küstenorten der Abruzzen, Apuliens und Kalabriens sowie in Sorrent und den Ferienorten des Cilento wie Palinuro und Marina di Camerota.

RADFAHREN

In den Nationalparks gibt es einige
für Mountainbiker ausgeschilderte
Routen, man fragt in den Besucherzentren und Fremdenverkehrsämtern nach. Ansonsten gerät der bergige Süden, der gerade im Landesinneren auf weiten Strecken kaum
mit Unterkünften aufwarten kann,
für Radler leicht zur Tortur. Für
Radtouren am ehesten geeignet ist
die Ebene des Tavoliere in Apulien,
und so steht Apulien denn auch auf
dem Programm renommierter Rad-
reiseveranstalter (z. B. Rotalis).

REITEN

Durch die frischen Wälder oder am
Strand entlang lassen sich wunderschöne Ausritte unternehmen. In
den letzten Jahren hat das Interesse
an diesem Sport gerade im Hinblick
auf die Touristen sehr zugenom-
men. Die Fremdenverkehrsämter
helfen mit Adressen von Reitställen
(maneggio) weiter. Auch manche
Bauernhöfe, die Ferienunterkünfte
anbieten *(agriturismo),* halten Reit-
pferde oder können bei Nachbarhö-
fen vermitteln. Doch achten Sie
darauf, dass die Tiere anständig be-
handelt werden und in gutem Zu-
stand sind.

TAUCHEN

Eine ganze Reihe von Küstenab-
schnitten kann mit besonders schönen Unterwasserwelten aufwarten,
mit reicher Meeresflora- und fauna
sowie aufregenden Meeresgrotten.
Von Tauchern besonders geschätzt
sind die Isole Tremiti zwischen Molise und Apulien, die Buchten am
Gargano, die Spitze des Stiefelabsat-

*Für Taucher ideal sind vor allem
die Inseln in der südlichen Adria
und im Tyrrhenischen Meer*

zes um Santa Maria di Leuca mit ihren Grotten, in Kalabrien manche
Felswand an der Halbinsel Isola di
Capo Rizzuto, in der Basilikata der
Golf von Policastro bei Maratea, in
Kampanien die von Grotten durchsetzte Küste bei Palinuro, die Inseln
Capri, Procida und Ischia, das Kap
der Sorrentinischen Halbinsel,
schließlich im Latium die Inseln
Ponza und Ventotene und die Fels-
spitzen der Circeoküste. Die Ferienorte und die großen Ferienclubanlagen warten fast alle mit Taucher-
zentren auf. Oft empfiehlt sich eine
geführte Unterwassertour, wenn
nicht diese besonders schönen Stellen unter Naturschutz stehen und
daher ohnehin nur in offizieller Be-
gleitung zugänglich sind.

Insider
Tipp

THERMEN

Fitness, Wellness, Beauty – diese Trendwörter haben sich längst durchgesetzt und das Image der Kurbäder verjüngt und erneuert. Süditalien hat einen besonders beliebten Thermalflecken zu bieten, der mit heißen Quellen und traumhaften Thermalparks in üppiger mediterraner Vegetation Abertausende Gäste vor allem aus Nordeuropa anzieht: die Insel Ischia. Renommierte Kurorte, doch eher mit italienischen Gästen, sind auch Fiuggi und Viterbo im Latium und in Apulien die Thermen von Santa Cesaria.

WANDERN

Die süditalienische Bergwelt wartet mit ein paar außergewöhnlich schönen Landschaften auf. Mittelgebirge mit Wiesen, Wäldern und weiten Flusstälern wechseln sich ab mit rauen, spröden Massiven. Ein erheblicher Teil steht unter Naturschutz bzw. ist zu Nationalparks erklärt worden: Wanderwege und vereinzelt Berghütten wurden angelegt, Besucherzentren halten Kartenmaterial und Adressen von Tourenführern bereit. In den Abruzzen sind die Nationalparks Gran Sasso, Parco d'Abruzzo (Zentrum in Pescasseroli) und die Maiellagruppe (Basisstationen z. B. Guardiagrele oder Sulmona) für Wanderer und Kletterer gut erschlossen. Markierte Wanderwege und Picknickareale durchziehen den schönen Mischwald Foresta Umbra auf dem Gargano in Apulien. Die Basilikata teilt sich mit Kalabrien das eindrucksvolle Pollinomassiv mit den Zentren Mormanno und Castrovillari. Kalabrien hat außerdem die waldreichen Berge der Sila und den spröden, wilden Aspromonte zu bieten. Gerade hier empfiehlt es sich unbedingt, sich einem örtlichen Wandertourenveranstalter anzuvertrauen. Eine erfahrene Organisation ist *Naturaliter* unter der Leitung von Pasquale Valle mit Sitz im *Agriturismo Il Bergamotto (Tel. 09 65 72 72 13, www. naturaliterweb.it)* 9 km vom Meer in *Amendolea di Condofuri* 45 km südöstlich von Reggio di Calabria. Sie bietet Wandertouren im Aspromonte, in der Sila und im Pollinomassiv an, mit Unterkünften und allem Drum und Dran. In Kampanien wandert man in den Bergen und Hochebenen des Nationalparks Cilento, der bis an die Meeresküste heranreicht, oder über die Maultierpfade der Amalfiküste.

WASSERSPORT

An den touristisch erschlossenen Küsten Süditaliens ist so gut wie jede Art von Wassersport möglich. An den Hauptstränden kann man Surfbretter und Tretboote, in den Sporthäfen Motor- und Segelboote mieten. Viele Ferienclubanlagen bieten außerdem Surf- und Segelkurse an.

WINTERSPORT

Man glaubt es kaum, doch im mediterranen Süden wird im Winter Ski gelaufen und Langlauf betrieben – das bekannteste Skigebiet liegt im Parco Nazionale d'Abruzzo. Der Hauptort Pescasseroli ist mit Hotels, Skiverleih und Aufstiegsanlagen ausgerüstet. Aber Skifahren ist auch noch weiter südlich möglich, etwa in der Sila Grande in Kalabrien mit dem Wintersportort Camigliatello.

Grottengut

**Die spannende »Unterwelt« Süditaliens:
Land- oder Bootsausflüge zu Höhlen und Grotten,
dazu Vergangenheit zum Anfassen in Pompeji**

Wer sich mit Kindern auf den Weg nach Süditalien macht, den zieht es wohl weniger zu den bedeutenden Kulturstätten als vielmehr an die Küste des Südens mit ihren Sand- und Kieselstränden unter warmer Sonne, ihrem sauberen Meer und ihren zauberhaften, geheimnisvollen Grotten in den Felsklippen. So findet man denn auch vor allem an den Stränden der Abruzzen, Apuliens und Kalabriens Hotelanlagen, Campingplätze, Feriendörfer und -clubs, die mit munterer Animation und reichhaltigen Sportangeboten genau auf Ferien für Familien zugeschnitten sind.

Beliebte Ausflugsziele sind die Grotten: Tief im Gestein der Felsküsten sowie in den Kalkgebirgen des Landesinneren tun sich phantastische Hohlräume auf. Im Landesinnern sind das gigantische Tropfsteinhöhlen wie etwa im Cilento die Höhlen von Pertosa und von Castelcivita oder in Apulien das atemraubende unterirdische Grottensystem von Castellana Grotte im Land der Trulli. Die Grotten an den Felsküsten sind dagegen nur mit Hilfe von Booten zu erreichen, die von den nahen Häfen starten: so die Grotten am Gargano und an der

apulischen Absatzspitze, die Grotten am Golf von Policastro und bei Palinuro und Marina di Camerota im Cilento – Grotten, bei denen Lichteinfall und Wasserfilterung die wunderbarsten Farbeffekte schaffen. Von der Küstenstraße aus erreicht man die smaragdschillernde Meeresgrotte Grotta dello Smeraldo bei Conca dei Marini an der Amalfiküste, die einem den aufwändigen Besuch der Blauen Grotte auf Capri erspart.

Obschon Stadt-, Kirchen- und Museumsbesuche für die meisten Kinder nicht zum Inbegriff von Ferienspaß zählen, gilt das nicht für einen Ausflug durch die römischen Stadtruinen Pompeji und Herculaneum: Hier können sich auch Kinder das Leben der antiken Bewohner noch plastisch vorstellen – Vergangenheit zum Anfassen.

ROM UND LATIUM

Museo delle Paste Alimentari in Rom **[108 C4]**
Für alle Spaghettiliebhaber: In diesem Museum wird anschaulich der Beweis erbracht, dass die Nudel aus Italien stammt. *Piazza Scanderberg 117, Di–Sa 9.30–17.30, So 9.30 bis 13.30 Uhr, 10 Euro, Kinder (6–18 Jahre) 7 Euro, Kinder bis 6 Jahre 1 Euro*

Was braucht es Spaßbäder? Ein sprudelnder Brunnen erfrischt auch

Oasi di Ninfa [109 E6]

Etwa 15 km nördlich von Latina bei Doganella stößt man auf ein hochromantisches Paradies: Die von Kletterpflanzen umschlungenen Ruinen des mittelalterlichen Städtchens Ninfa sind in eine verwunschene, von plätschernden Gewässern durchzogene Vegetation gebettet, hinzu kommt eine Fülle an Vogelarten. Die Oase, heute unter Naturschutz, ist nur am ersten Wochenende eines jeden Monats zu besuchen: *Okt.–Juni 9–12 und 14.30–18, Juli–Sept. 9–12 und 15 bis 18.30 Uhr, 8 Euro, Kinder bis 11 Jahre frei, Anmeldung: Tel. 07 73 48 49 93 (beschränkte Besucherzahl)*

Parco dei Mostri in Bomarzo [108 C2]

Etwa 20 km nordöstlich von Viterbo tut sich bei Bomarzo der so genannte Monsterpark auf, den der römische Fürst Vicino Orsini, ein unkonventioneller Exzentriker, ab 1550 anlegen ließ: ein bis heute in all seinen Bedeutungen kaum entschlüsseltes Ensemble grotesker bis dämonischer Steinskulpturen: ein schiefes Haus, Giganten, berittene Schildkröten und steinerne Höllenschlünde. In den letzten Jahren hat sich der Park zu einer Touristenattraktion entwickelt. *Tgl. 8 Uhr bis Sonnenuntergang, 8 Euro, Kinder bis 5 Jahre gratis, 5–8 Jahre 7 Euro*

DIE SÜDLICHE ADRIA

Aqualand del Vasto in den Abruzzen [111 F5]

Größter und aufwändigster Wasservergnügungspark an der südlichen Adriaküste unweit vom Bahnhof Vasto San Salvo. Abends mit Livemusik und Disko. *Incoronata, Porto Vasto, Mitte Juni–Anfang Sept. tgl. 10–18 Uhr, 16 Euro, Kinder (105 bis 140 cm) 12 Euro, Kinder bis 105 cm frei*

Corpus-Domini-Prozession in Campobasso in Molise [113 F1]

Zu Fronleichnam zieht eine höchst eigenartige Prozession durch die Straßen von Campobasso: Auf den Schultern starker Männer werden 13 Theaterbühnen zu rhythmischer Musik getragen, Bühnen, auf denen Kinder Geschichten aus der Bibel darstellen. Dazu hängt man sie geschickt drapiert in 6 bis 7 m hohe Drahtgestelle, als Engelchen, als Heilige, als Maria und Jesus verkleidet. Das Ganze dauert unter dem liebevollen Blick der gesamten Bevölkerung drei bis vier Stunden, eine Tortur, die die Kinder aber stolzgeschwellt durchhalten. Nach alter Hirtentradition wird die Prozession von Schäfern mit Dudelsack und sauber gebürsteten Schafen begleitet, dazu gibts natürlich jede Menge Spielzeug- und Süßigkeitenstände.

Glockenmuseum in Agnone in Molise [111 E6]

Warum sich nicht mal eine ganz besondere und im wörtlichen Sinne klangvolle Handwerkskunst anschauen? In Agnone (Provinz Isernia) hält sich seit Jahrhunderten die Tradition der Glockengießerei. Das Museo della Campana neben der alten Traditionsgießerei Pontificia Fonderia Marinelli zeigt phantastische Glocken aus dem Mittelalter bis heute, dazu kann man sich Glockenkonzerte anhören. *Via Felice D'Onofrio 14, tgl. Führungen 11 und 16 Uhr, August tgl. 10, 12, 16 und 18 Uhr, Eintritt frei*

Durch den Tierpark Fasanolandia dürfen Sie im eigenen Auto fahren

Zoosafari Fasanolandia in Fasano in Apulien [118 C2]

In weitläufigen Freigehegen leben über 1500 Tiere aus 200 Arten aus der ganzen Welt, Tiger, Bären, Löwen, Panther, Känguruhs, Zebras und und und. Das Klima Apuliens und die Weiträumigkeit tut ihnen gut, sodass sie sich erfolgreich fortpflanzen. Man durchfährt den Park mit dem eigenen Wagen (8 km), oder man steigt in die parkeigenen Busse bzw. Züge. Zur Anlage gehören Restaurants und verschiedene Kirmesattraktionen *(Eintritt 6 Euro). Ostern–Sept. Mi–Mo 9.30–17 (Aug. bis 18.30) , Okt.–Ostern Sa/So 9.30 bis 17 Uhr, Safaripark 13 Euro, mit Delphinshow 18 Euro, Kinder bis 4 Jahre und bis 1 m Höhe gratis, www.zoosafari.it*

NEAPEL UND KAMPANIEN

Museo Vivo di Città della Scienza bei Neapel [113 E5]

Hochmodernes interaktives Wissenschaftsmuseum in der ehemaligen Schwerindustrieanlage von Bagnoli im Westen Neapels – eine spannende Reise durch viele Funktionsbereiche des Lebens. Der Besuch ist vor allem etwas für größere Kinder. *Via Coroglio 104, Sept.–Juni Di–Sa 9–18, So 10–19 Uhr, Juli besondere Veranstaltungen mit eigenen Öffnungszeiten, Aug. geschl., 7 Euro, bis 18 Jahre 6 Euro, www.cittadella scienza.it*

IM SÜDEN

Aquapark di Zambrone in Kalabrien [122 C3]

Unweit der Ferienhochburg Tropea wunderschön in einen Orangenhain gebettetes Wasserspaßbad direkt am Tyrrhenischen Meer. Eine Attraktion jagt die andere, hinzu kommen Animation und Spiele in allen Ecken des Parks. Gebührenpflichtiger Parkplatz. *SS 522 nach Tropea, Mitte Juni–Mitte Sept. tgl. 9.30–18 (Aug. bis 19) Uhr, 19 Euro, Kinder bis 1,05 m frei, bis 1,50 m 10 Euro*

Angesagt!

Was Sie wissen sollten über Trends, die Szene und Kuriositäten in Süditalien

Neue alte Musik

Junge Musikgruppen greifen die traditionellen, stampfenden Rhythmen auf – etwa in Apulien des *tamburello* zur *pizzica pizzica* und in Neapel der *tammurriata* – und bauen sie in ihre neue Musik ein. Bekannte Gruppen sind z. B. I Ragazzi del Bronx, Almamegretta, Sud Sound System. Es ist vor allem Neapel, das dem Süden die musikalischen Impulse gibt, für die ganz Jungen die Rapper 99 Posse, für die Älteren der in ganz Italien geschätzte Pino Daniele, die Folksängerin Teresa Di Sio oder Roberto Murolo, der die Klassiker der *canzone napoletana* meisterhaft vorträgt.

Happy Hour

Man trifft sich gegen 19 oder 20 Uhr in den besten Bars im Zentrum der Städte am Tresen, auf dem eine Auswahl an Häppchen aus Mini-pizzas, eingelegten Fischstückchen, Oliven, gesalzenen Kürbiskernen ausgebreitet ist. Dazu bestellt man sich z. B. einen *aperitivo della casa* aus Fruchtsaft und kühlem Schaumwein Spumante.

Körperkult und Modebewusstsein

Bella figura zu machen ist im Süden fast noch wichtiger als im Norden. Man trägt hautenge Kleidung, zeigt viel braun gebrannte Haut und glänzendes Haar. Wie wichtig das aktuelle Outfit ist, zeigt sich auch daran, dass selbst in den Provinzstädten viele der großen italienischen Modenamen zu finden sind. Und in den Hochburgen des Sommertourismus wie Tropea, Maratea, Amalfiküste, Capri und Ischia ist man mit dem Feinsten genauso gut versorgt wie in Rom.

Ferragosto

Im Süden spitzt sich die Sommersaison noch deutlicher auf die Augustmitte zu als anderswo an der italienischen Küste: Um den 15. August bricht das totale Verkehrs- und Massenchaos aus, alle sind *al mare,* allen voran die jungen Leute. Mit rauschender Animation in den Ferienclubs und Strandbädern, den Feuerwerken, Konzerten und Freilichtdiskos wird für den an Vergnügungen oft armen Rest des Jahres aufgetankt.

Von Anreise bis Zoll

Hier finden Sie kurz gefasst die wichtigsten Adressen und Informationen für Ihre Süditalienreise

ANREISE

Auto

Die Autofahrt bis hinunter in die Stiefelspitze kann sehr lang werden: z. B. von Mailand nach Bari 900 km, nach Neapel 800, nach Reggio di Calabria 1300 km. Fahren Sie besonders vorsichtig auf der engen, alten Autobahn Salerno–Reggio di Calabria! Die italienischen Autobahnen sind bis auf einige Abschnitte im Süden gebührenpflichtig – vom Brenner bis an die südliche Adria oder zur Amalfiküste müssen Sie mit rund 50 Euro rechnen. Auch die Autobahnen in der Schweiz und Österreich sind mautpflichtig. Eine bequeme, aber nicht billige Alternative ist der Autozug, der im Sommer dreimal wöchentlich von München nach Neapel fährt *(www.autozug.de)*.

Bahn

Mit dem Zug bis hinunter in den Süden bedeutet mindestens einmal umsteigen, entweder in Mailand oder in Rom. Platz-, Liege- und Schlafwagenkarten in der Hauptreisezeit sollten Sie frühzeitig reservieren. *www.bahn.de*

Flugzeug

Internationale Flughäfen in Süditalien sind Rom, Bari, Pescara und Neapel. Sie werden von vielen deutschen Flughäfen direkt oder mit Zwischenstopp in Mailand angeflogen. Auch sind sie Ziel zahlreicher Billiglinien wie Easyjet, Air Berlin, Hapag Lloyd, Germanwings. Aus Wien fliegt Niki in den Süden, aus Zürich Helvetic. Von Mailand auch Weiterflüge nach Crotone, Reggio di Calabria, Salerno und Brindisi. Im Sommer wird der Flughafen Lamezia Terme in Kalabrien von Chartermaschinen aus Deutschland, der Schweiz und Österreich direkt angeflogen.

AUSKUNFT

Staatliches Italienisches Fremdenverkehrsamt Enit
– *Kaiserstr. 65, 60329 Frankfurt;*
– *Kärntnerring 4, 1010 Wien;*
– *Uraniastr. 32, 8001 Zürich;*
– *www.enit.it*
Gebührenfreie Telefonnummer für Deutschland, Österreich und die Schweiz: *008 00 00 48 25 42*

In den Küstenorten öffnen während der Saison (Mai/Juni–Sept./Okt.) meist recht gut mit Material ausgestattete Informationsbüros (*informazioni turistiche* oder *Pro Loco*).

AUTO

Vorgeschrieben sind Führerschein und Fahrzeugschein, empfohlen wird die grüne Versicherungskarte. In Ortschaften beträgt die Höchstgeschwindigkeit 50 km/h, ansonsten 90, auf Autobahnen *(autostrada)* 130 km/h, auf dreispurigen Autobahnen 150 km/h. Außerhalb der Ortschaften muss auch am Tag mit Abblendlicht gefahren werden! Die Promillegrenze liegt bei 0,5. Bei Unfall oder Panne muss außerorts beim Verlassen des Wagens eine Warnweste angelegt werden.

Die Autobahnen in Italien sind bis auf einige Abschnitte im Süden gebührenpflichtig (100 km ca. 5 Euro). Um Warteschlangen an den Mautstellen zu umgehen, kann man an den vielen Automaten mit den gängigen Kreditkarten bezahlen.

Tankstellen sind Mo–Sa meist von 7.30 bis 12.30 und von 15 bis 19 Uhr geöffnet, So nur vereinzelt und auf den Autobahnen, doch immer mehr Tankstellen haben Tankautomaten. Man tankt generell *super senza piombo* (Super bleifrei auch für Normalbenziner) oder *gasolio* (Diesel).

Bis auf die größeren Städte und die Touristenzentren während der Hochsaison ist das Parken kein Problem. Zum Tagesausflug in Städte wie Neapel, Salerno, Bari sollten Sie mit dem Zug fahren oder den Wagen auf einem bewachten Parkplatz abstellen. Ein großes Problem ist das Autofahren und vor allem das Parken in der Saison und am Wochenende an der Amalfiküste; die Küstenstraße Amalfitana ist zudem von April bis Oktober für Campingwagen und Caravans gesperrt.

BANKEN & KREDITKARTEN

Die Banken sind in größeren Ortschaften meistens Mo–Fr von 8.20 bis 13.20 und von 14.45 bis 15.45 Uhr geöffnet, in kleineren Orten nur am Vormittag. Viele Banken verfügen über Geldautomaten *(bancomat)*.

In vielen Restaurants und den meisten Hotels, in besseren Geschäften, an Tankstellen und bei Autovermietungen werden Kreditkarten akzeptiert.

DIPLOMATISCHE VERTRETUNGEN

Deutsche Botschaft
Via San Martino della Battaglia 4, Rom, Tel. 06 49 21 31, Fax 064 45 26 72, mail@deutschebotschaft-rom.it

Österreichisches Konsulat
Viale Liegi 32, Tel. 068 55 29 66, Fax 06 85 35 29 91, rom-ka@bmaa.gv.at

Schweizer Botschaft
Via Barnaba Oriani 61, Rom, Tel. 06 80 95 71, Fax 068 08 85 10

INTERNET

Informative Internetauftritte zu (Süd-)Italien: Reise-, Landeskunde- und Kulturinformationen: *www.ratgeber-italien.de, www.teletour.de/ italien; www.discoveritalia.it.;* Informationen zu Museen, Sehenswürdigkeiten, Unterkünften, Restaurants: *www.emmeti.it;* jede Menge Reiseinformationen und Buchungstipps zu Süditalien (italienisch/englisch/deutsch): *www.esperia.de;* zu den Naturparks: *www.parks.it;* das Wetter in Italien: *www.tempoitalia.it*

INTERNETCAFÉS

Internetzugänge findet man vielerorts, in den Städten vor allem in Bahnhofsnähe und in den Zentren.

www.marcopolo.de

Im Internet auf Reisen gehen

Mit über 10 000 Tipps zu den beliebtesten Reisezielen ist MARCO POLO auch im Internet vertreten. Sie wollen nach Paris, auf die Kanaren oder ins australische Outback? Per Mausklick erfahren Sie unter www.marcopolo.de Wissenswertes über Ihr Reiseziel. Zusätzlich zu den Informationen aus den Reiseführern bieten wir Ihnen online:

- das *Reise Journal* mit aktuellen News, Artikeln, Reportagen
- den *Reise Service* mit Routenplaner, Währungsrechner und Compact Guides
- den *Reise Markt* mit Angeboten unserer Partner rund um das Thema Urlaub

Es lohnt sich vorbeizuschauen: Wöchentlich aktualisiert, gibt es immer wieder Neues zu entdecken. Bleiben Sie auf dem Laufenden mit unserem E-Mail-Newsletter, den Sie kostenlos abonnieren können!

Auch viele Bars und Kneipen haben mittlerweile Internetzugang, so auch die besseren Hotels und im Sommer zahlreiche Campingplätze.

MIETWAGEN

Avis, Hertz und Maggiore haben Vertretungen in allen größeren Städten, an den Flughäfen und großen Bahnhöfen sowie in einigen Touristenzentren. Ein kleiner Fiat Punto kostet pro Tag ca. 80 Euro. Günstiger ist der Wochenendtarif, z. B. drei Tage um 110 Euro. Am günstigsten sind Wochentarife um rund 270 Euro, jedoch mit Kilometerlimit. Mittelklassewagen sind im Schnitt 50 Prozent teurer. Deutlich billiger wird es, wenn man vor der Abreise bzw. online bucht: *www.billiger-mietwagen.de*. Angebote für Mietwagen finden Sie auch unter *www.marcopolo.de*.

NOTRUFE

Allgemeiner Notruf *(Pronto Soccorso)* von jedem öffentlichen Telefon: *112;* Feuerwehr *(Vigili del Fuoco) 115;* Notarzt, Rettungswagen *118;* Pannenhilfe *80 31 16 (ACI = Automobil Club Italiano)*

ÖFFENTLICHE VERKEHRSMITTEL

Bahn

Bahnfahren ist in Italien immer noch relativ preiswert, das betrifft zumindest die Lokal- und Regionalverbindungen. Nicht so die nationalen Rapidzüge Eurostar, die nur mit Aufschlag und Platzreservierung benutzt werden dürfen. Den Gesamtfahrplan *(orario ferroviario)* oder auch nur die Südausgabe bekommt man an Zeitungskiosken. Vor dem Besteigen des Zuges muss man die

Fahrkarte und, wenn getrennt, auch den Zuschlag in den orange-farbenen Automaten entwerten, die in der Bahnhofshalle vor den Bahnsteigzugängen stehen. Im Internet können Sie sich die besten Verbindungen zusammenstellen lassen (auch auf Englisch): *www.trenita lia.com*

Bus

Die Städte haben dichte Busnetze (Rom und Neapel dazu ein paar Metro- und Straßenbahnstrecken); Nachbarstädte und Dörfer sind auch mit Überlandbussen zu erreichen.

Die Öffnungszeiten der großen staatlichen Museen sind viel besucherfreundlicher geworden. Fast alle haben über Mittag geöffnet, und im Sommer öffnen manche sogar bis spät in den Abend. In diesem Band ist stets die Schließzeit angeben, Kassenschluss ist oft früher. Kirchen schließen meist in der Mittagszeit zwischen 12 und 16 Uhr. Lebensmittelgeschäfte sind werktags meist von 8.30 bis 13 und von 17 bis 19.30 Uhr geöffnet, alle anderen Läden öffnen gewöhnlich von 8.30/9 bis 12.30 und 15.30 bis 19.30 Uhr. An einem Nachmittag in der Woche sind alle Geschäfte geschlossen. In Badeorten bleiben die Geschäfte in der Hochsaison bis spät in den Abend offen.

Die Postämter sind im Allgemeinen Mo–Fr 8.15–13.20, Sa bis 12.20 Uhr geöffnet. Ein Brief oder eine Postkarte ins EU-Ausland und die Schweiz muss als *posta prioritaria* zu 62 Cent frankiert werden.

Die Eintrittspreise in die Museen variieren zwischen 3 und (im Extremfall) 12 Euro (Vatikanische Museen in Rom). Erkundigen Sie sich in den großen Städten wie Neapel und Rom nach den so genannten *cards,* die freien Eintritt zu mehreren Museen sowie die Gratisnutzung öffentlicher Verkehrsmittel erlauben. Die staatlichen Museen *(musei nazionali)* sind für EU-Bürger bis 18 und ab 65 Jahren gratis, von 18 bis 25 Jahren zum halben Preis zugänglich. Im Mai findet die *settimana della cultura* statt: eine Woche mit freiem Eintritt in alle staatlichen Museen und Archäologieparks.

An der Theke in der Bar kostet der Cappuccino maximal 1,50 Euro, wer ihn am Tischchen sitzend trinkt, muss mit einem deutlichen Aufschlag rechnen. Sitzt man allerdings an berühmten oder besonders touristischen Plätzen, kann die Tasse doppelt oder dreimal so teuer werden. Öffentliche Verkehrsmittel sind preiswert: Eine einfache Buskarte kostet um 1 Euro, für die Eisenbahnfahrkarte zahlt man ein Drittel weniger als in Mitteleuropa. Teuer sind die Diskotheken in exklusiven Badeorten: der Eintritt ab 15 oder 20 Euro aufwärts.

Telefonieren in Zellen (mit Telefonkarten, perforierte Ecke abreißen) und Bars. Telefonkarten (wie auch Briefmarken, Parktickets und Busfahrkarten) bekommt man in Tabakläden. Innerhalb Italiens gibt es keine Vorwahl, daher müssen Sie auch bei Anrufen aus dem Ausland die Null am Beginn der Nummer mitwählen. Telefonieren mit dem Handy ist sehr teuer, Sie zahlen auch, wenn Sie aus Deutschland angerufen werden, und zwar den Anteil am italienischen Netz; die Mailbox sollten Sie daher am besten ausschalten. Vorwahlen: Italien *0039*, Deutschland *0049*, Österreich *0043*, Schweiz *0041*

TRINKGELD

Man sollte nicht zu knauserig sein, Trinkgeld (ca. fünf Prozent) bekommen nette Kellner in Restaurants und Cafés, Zimmermädchen, Kofferträger usw.

UNTERKUNFT

Agriturismo
Auch in Süditalien bieten immer mehr Bauernhöfe Zimmer, Ferienwohnungen und Stellplätze für Campingmobile und Zelte an, die Spanne reicht von preiswert bis luxuriös. Informationen in den Fremdenverkehrsämtern, auf zahlreichen Internetseiten (Suchwort »agriturismo«) oder bei Organisationen wie *Agriturist, Tel. 066 85 23 42, Fax 066 85 24 24, www.agriturist.it.*

Bed & Breakfast
Setzt sich auch in Italien rapide durch, begünstigt durch das Internet als Vermittlungsforum, z. B. *www.bed-and-breakfast.it.* oder *www.bb italia.com.*

Camping
Wildes Camping ist in Italien verboten und gefährlich. Doch überall in den Küstengebieten und bei touris-

tisch interessanten Städten finden sich offizielle Campingplätze. In den Enit-Büros bekommt man die *Carta d'Italia Parchi Campeggio*. Ein stets aktualisiertes Verzeichnis von Campingplätzen und Feriendörfern:»Campeggi e Villaggi Turistici in Italia«, erhältlich im Buchhandel oder direkt beim Herausgeber, dem *Touring Club Italiano (Tel. 025 35 99 73, Fax 02 53 59 95 40, www.touringclub.it)*. Im Internet Informationen unter *www.camping.it* oder *www.campeggitalia.com.*

Hotels
Hotelverzeichnisse vergeben die Fremdenverkehrsämter, an die man sich auch bei Beschwerden wendet. Die Buchung sollte man sich mit genauen Preisangaben bestätigen lassen. In der Hochsaison im Sommer kann man in den Ferienhotels an der Küste oft nur mit Halb- oder Vollpension bei mindestens drei Tagen Aufenthalt fündig werden.

Was kostet wie viel?

Cappuccino — **1–1,50 Euro** für eine Tasse am Tresen

Eis — **1,50 Euro** für eine große Kugel Eis

Wein — **um 2 Euro** für ein Glas Wein

Eintritt — **9 Euro** für wichtige Sehenswürdigkeiten wie das Kolosseum

Benzin — **um 1,20 Euro** für 1 l Super bleifrei

Pizza — **ab 1,50 Euro** für ein Stück auf die Hand

Außerhalb der Saison ist es dafür genau umgekehrt: Man findet mehr oder weniger geschlossene Ferienorte vor. Natürlich gibt es auch dann geöffnete Hotels, aber man muss sie suchen, und sie liegen meist nicht an der Küste, sondern in den Ortschaften im Hinterland. Am besten ist es noch an der Amalfiküste, die schon zu Ostern und auch um Weihnachten/Neujahr aufmacht. Die in diesem Führer genannten Hotels sind fast alle ganzjährig geöffnet. Wer flexibler und preiswerter reisen möchte, sollte sich in der Nebensaison auf den Weg machen oder Unterkunft im Landesinnern suchen.

Jugendherbergen
Jugendherbergen heißen in Italien *Ostelli della Gioventù*. Auskunft: *Associazione Italiana Alberghi per* *la Gioventù (Via Cavour 44, 00184 Rom, Tel. 064 87 11 52)* oder unter *www.ostellionline.com*

ZEITUNGEN

In den Tageszeitungen finden Sie die Adressen der Notärzte und Nachtapotheken, am Wochenende auch Veranstaltungskalender. Die Touristenzentren sind mit ausländischen Zeitungen versorgt.

ZOLL

Innerhalb der EU dürfen Waren für den persönlichen Bedarf zollfrei ein- und ausgeführt werden. Richtwerte hierfür sind u. a. 800 Zigaretten, 10 l Spirituosen und 90 l Wein. Für Schweizer gelten stark eingeschränkte Freimengen, u. a. 200 Zigaretten, 1 l Spirituosen, 2 l Wein.

Wetter in Bari

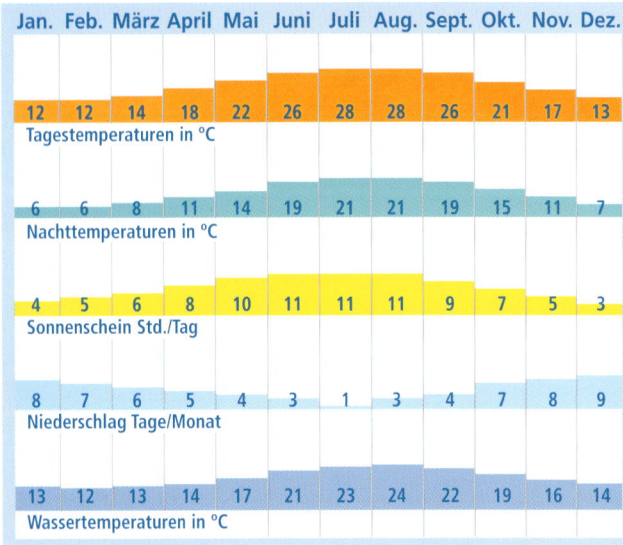

	Jan.	Feb.	März	April	Mai	Juni	Juli	Aug.	Sept.	Okt.	Nov.	Dez.
Tagestemperaturen in °C	12	12	14	18	22	26	28	28	26	21	17	13
Nachttemperaturen in °C	6	6	8	11	14	19	21	21	19	15	11	7
Sonnenschein Std./Tag	4	5	6	8	10	11	11	11	9	7	5	3
Niederschlag Tage/Monat	8	7	6	5	4	3	1	3	4	7	8	9
Wassertemperaturen in °C	13	12	13	14	17	21	23	24	22	19	16	14

Parli italiano?

»Sprichst du Italienisch?«
Dieser Sprachführer hilft Ihnen, die wichtigsten Wörter und Sätze auf Italienisch zu sagen

Zur Erleichterung der Aussprache:

c, cc	vor »e, i« wie deutsches »tsch« in deutsch, Bsp.: die**c**i, sonst wie »k«
ch, cch	wie deutsches »k«, Bsp.: pa**cch**i, **ch**e
ci, ce	wie deutsches »tsch«, Bsp.: **ci**ao, **ci**occolata
g, gg	vor »e, i« wie deutsches »dsch« in Dschungel, Bsp.: **g**ente
gl	ungefähr wie in »Familie«, Bsp.: fi**gl**io
gn	wie in »Cognac«, Bsp.: ba**gn**o
sc	vor »e, i« wie deutsches »sch«, Bsp.: u**sc**ita
sch	wie in »Skala«, Bsp.: I**sch**ia
sci	vor »a, o, u« wie deutsches »sch«, Bsp.: la**sci**are
z	immer stimmhaft wie »ds«

Ein Akzent steht im Italienischen nur, wenn die letzte Silbe betont wird. In den übrigen Fällen haben wir die Betonung durch einen Punkt unter dem betonten Vokal angegeben.

AUF EINEN BLICK

Ja./Nein./Vielleicht.	Sì./No./Forse.
Bitte./Danke./Vielen Dank!	Per favore./Grazie./Tante grazie.
Gern geschehen.	Prego!/Non c'è di che!
Entschuldigen Sie!	Scusi!
Wie bitte?	Come dice?/Prego?
Guten Morgen/Tag!	Buon giorno!
Guten Abend!/Nacht!	Buona sera!/Buona notte!
Hallo!/Grüß dich!	Ciao!
Ich verstehe Sie/dich nicht.	Non La/ti capisco.
Ich spreche nur wenig Italienisch.	Parlo solo un po' di italiano.
Können Sie mir bitte helfen?	Mi può aiutare, per favore?
Wie geht es Ihnen/dir?	Come sta/stai?
Wie heißen Sie?/Wie heißt du?	Come si chiama?/Come ti chiami?
Ich heiße …	Mi chiamo …
Ich komme aus …	Sono …
… Deutschland.	… della Germania.
… Österreich.	… dell' Austria.
… der Schweiz.	… della Svizzera.

Auf Wiedersehen!/Tschüss!	Arrivederci!/Ciao!
Bis bald!/Bis morgen!	A presto!/A domani!
Hilfe!	Aiuto!
Rufen Sie bitte schnell …	Chiami subito …
… einen Krankenwagen.	… un'autoambulanza.
… die Polizei.	… la polizia.

UNTERWEGS

Bitte, wo ist …	Scusi, dov'è …
… der Bahnhof?	… la stazione?
… der Flughafen?	… l'aeroporto?
… die Haltestelle?	… la fermata?
… der Taxistand?	… il posteggio di tassì?
Zum … Hotel.	All'albergo …
Bus/Fähre/Zug	l'autobus/il traghetto/il treno
Bitte, einen Fahrschein nach …	Un biglietto per …, per favore.
Entschuldigung, wie komme ich nach …?	Scusi, per andare a …?
Immer geradeaus bis …	Sempre diritto fino a …
Dann links/rechts abbiegen.	Poi svolti a sinistra/destra.
nah/weit	vicino/lontano
Überqueren Sie …	Attraversi …
… die Brücke.	… il ponte.
… den Platz.	… la piazza.
… die Straße.	… la strada.
Ich möchte … mieten.	Vorrei noleggiare …
… ein Auto …	… una macchina.
… ein Fahrrad …	… una bicicletta.
… ein Boot …	… una barca.
offen/geschlossen	aperto/chiuso
drücken/ziehen	spingere/tirare
Eingang/Ausgang	ingresso/uscita
Wo sind bitte die Toiletten?	Dov'è il bagno, per favore?
Damen/Herren	signore/signori

SEHENSWERTES

Wann ist das Museum geöffnet?	Quando è aperto il museo?
Wann beginnt die Führung?	Quando comincia la visita con la guida?
Altstadt	il centro storico
Ausstellung	la mostra/l'esposizione
Denkmal	il monumento
Friedhof	il cimitero
Galerie	la galleria (d'arte)
Gottesdienst	la messa/la funzione sacra

Kirche	la chiesa
Rathaus	il municipio
Schloss/Burg	il castello
Stadtplan	la pianta della città
Stadtrundfahrt	il giro della città
Theater	il teatro
Turm	la torre

DATUMS- & ZEITANGABEN

Montag	lunedì
Dienstag	martedì
Mittwoch	mercoledì
Donnerstag	giovedì
Freitag	venerdì
Samstag	sabato
Sonntag	domenica
heute/morgen/gestern	oggi/domani/ieri
täglich	tutti i giorni, giornaliero
Wie viel Uhr ist es?	Che ore sono?
Es ist 3 Uhr.	Sono le tre.
Es ist halb 4.	Sono le tre e mezza.
Es ist Viertel vor 4.	Sono le quattro meno un quarto.
Es ist Viertel nach 4.	Sono le quattro e un quarto.

ESSEN & TRINKEN

Die Speisekarte, bitte.	Il menù, per favore.
Ich nehme …	Prendo …
Bitte ein Glas …	Per favore un bicchiere di …
Besteck	le posate
Messer/Gabel/Löffel	il coltello/la forchetta/il cucchiaio
Vorspeise/Hauptspeise	l'antipasto/il secondo
Nachspeise	il dessert, il dolce
Salz/Pfeffer/Zucker	il sale/il pepe/lo zucchero
scharf/salzig	piccante/salato
Ich bin Vegetarier/in.	Sono vegetariano/a.
Hat es geschmeckt?	Era di Suo gradimento?
Das Essen war ausgezeichnet.	(Il mangiare) era eccellente.
Trinkgeld	la mancia
Die Rechnung, bitte.	Il conto, per favore.

EINKAUFEN

Wo finde ich …?	Dove posso può trovare …?
Apotheke	una farmacia
Bäckerei	un panificio

Kaufhaus	un grande magazzino
Lebensmittelgeschäft	un negozio di generi alimentari
Markt	un mercato
Supermarkt	un supermercato
Zeitungshändler	un giornalaio
Gibt es …?/Haben Sie …?	C'è …?/Ha …?
Ich möchte …	Vorrei …
Eine Einkaufstüte, bitte.	Una busta, per favore.
Das gefällt mir (nicht).	(Non) mi piace.
Wie viel kostet es?	Quanto costa?
Nehmen Sie Kreditkarten?	Accetta carte di credito?

ÜBERNACHTEN

Ich habe ein Zimmer reserviert.	Ho prenotato una camera.
Haben Sie noch …	È libera …/Avete ancora …
… ein Einzelzimmer?	… una singola?
… ein Doppelzimmer?	… una doppia?
mit Dusche/Bad	con doccia/bagno
Was kostet das Zimmer mit Frühstück?	Quanto costa la camera con la prima colazione?

PRAKTISCHE INFORMATIONEN

Können Sie mir einen Arzt empfehlen?	Mi può consigliare un medico?
Kinderarzt	il pediatra
Zahnarzt	il dentista
Ich habe hier Schmerzen.	Ho dei dolori qui.
Ich habe Fieber.	Ho la febbre.
Eine Briefmarke, bitte.	Un francobollo, per favore.
Postkarte	una cartolina
Wo ist bitte eine Bank?	Scusi, dove posso trovare una banca?
Geldautomat	il bancomat

ZAHLEN

1	uno	11	undici
2	due	12	dodici
3	tre	20	venti
4	quattro	21	ventuno
5	cinque	50	cinquanta
6	sei	100	cento
7	sette	200	duecento
8	otto	1000	mille
9	nove	1/2	un mezzo
10	dieci	1/4	un quarto

Reiseatlas
Süditalien

**Die Seiteneinteilung für den Reiseatlas finden Sie
auf dem hinteren Umschlag dieses Reiseführers**

Mit freundlicher Unterstützung von

kein urlaub ohne

holiday
autos

www.holidayautos.com

sie wollen mehr sehen im urlaub?

dann buchen sie einen mietwagen von holiday autos.
zu alles inklusive preisen. buchen sie in ihrem reisebüro,
unter www.holidayautos.de oder telefonisch unter
0180 5 17 91 91 (12 ct/min)

KARTENLEGENDE REISEATLAS

le Mans-Est
Autobahn mit Anschlussstelle
Motorway with junction

Datum, Date
Autobahn in Bau
Motorway under construction

Datum, Date
Autobahn in Planung
Motorway projected

Ⓡ Raststätte mit
Übernachtungsmöglichkeit
Roadside restaurant and hotel

Ⓡ Raststätte ohne
Übernachtungsmöglichkeit
Roadside restaurant

Ⓚ Erfrischungsstelle, Kiosk
Snackbar, kiosk

Ⓣ Ⓐ Tankstelle, Autohof
Filling-station, Truckstop

Autobahnähnliche Schnell-
straße mit Anschlussstelle
Dual carriage-way with
motorway characteristics
with junction

Straße mit zwei
getrennten Fahrbahnen
Dual carriage-way

Durchgangsstraße
Thoroughfare

Wichtige Hauptstraße
Important main road

Hauptstraße
Main road

Sonstige Straße
Other road

Fernverkehrsbahn
Main line railway

Bergbahn
Mountain railway

Autotransport
per Bahn
Transport of cars
by railway

Autofähre
Car ferry

Schifffahrtslinie
Shipping route

Landschaftlich besonders
schöne Strecke
Route with
beautiful scenery

Routes
des Crêtes
Touristenstraße
Tourist route

Straße gegen Gebühr befahrbar
Toll road

Straße für Kraftfahrzeuge
gesperrt
Road closed
to motor traffic

Zeitlich geregelter Verkehr
Temporally regulated traffic

15%
Bedeutende Steigungen
Important gradients

Kultur
Culture

★★ **PARIS**
★★ *la Alhambra*

★ **TRENTO**
★ *Comburg*

Eine Reise wert
Worth a journey

Lohnt einen Umweg
Worth a detour

Landschaft
Landscape

★★ **Rodos**
★★ *Fingal's cave*

★ **Korab**
★ *Jaskinia raj*

Eine Reise wert
Worth a journey

Lohnt einen Umweg
Worth a detour

Besonders schöner Ausblick
Important panoramic view

Ausflüge & Touren
Excursions & tours

Nationalpark, Naturpark
National park, nature park

Sperrgebiet
Prohibited area

4807
Bergspitze mit Höhenangabe
in Metern
Mountain summit with height
in metres

(630)
Ortshöhe
Elevation

Kirche
Church

Kirchenruine
Church ruin

Kloster
Monastery

Klosterruine
Monastery ruin

Schloss, Burg
Palace, castle

Schloss-, Burgruine
Palace ruin, castle ruin

Denkmal
Monument

Wasserfall
Waterfall

Höhle
Cave

Ruinenstätte
Ruins

Sonstiges Objekt
Other object

Jugendherberge
Youth hostel

⊕ Flugplatz
Airfield

⊕ Regionalflughafen
Regional airport

Verkehrsflughafen
Airport

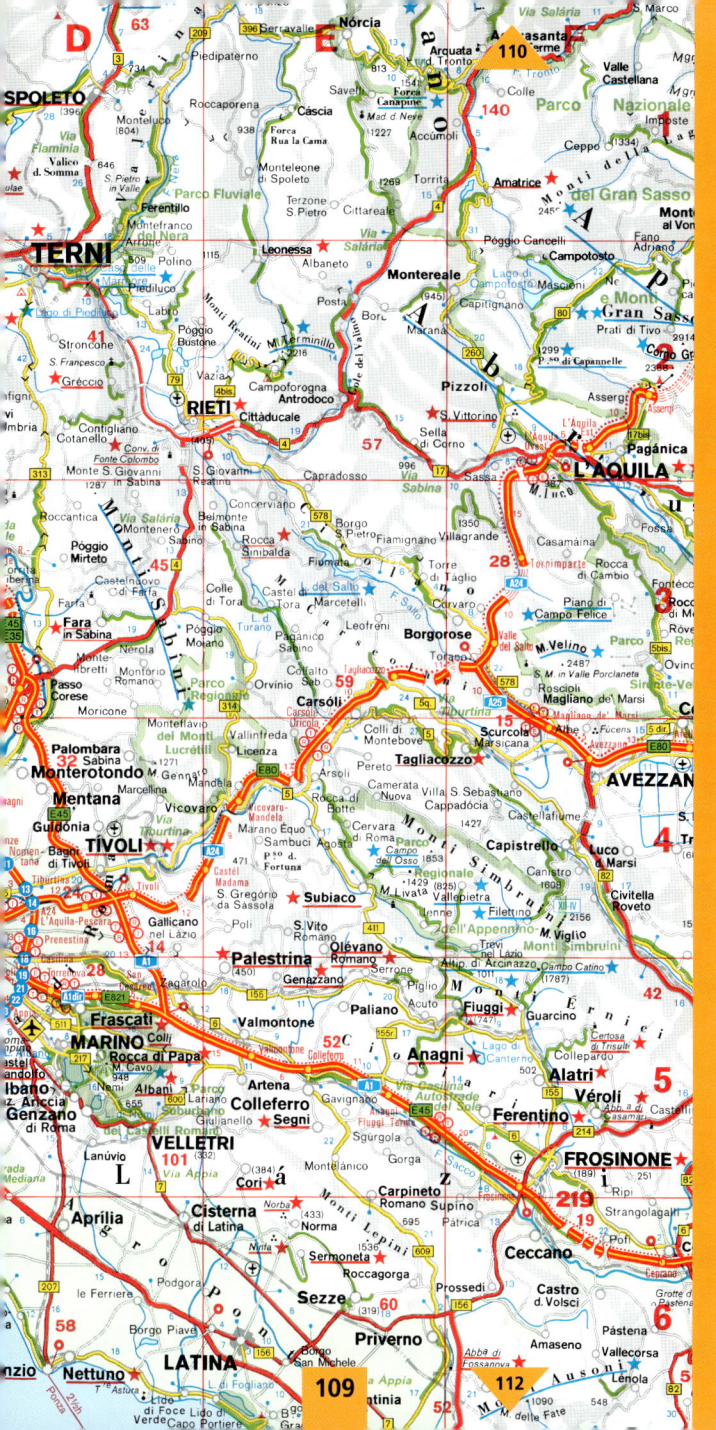

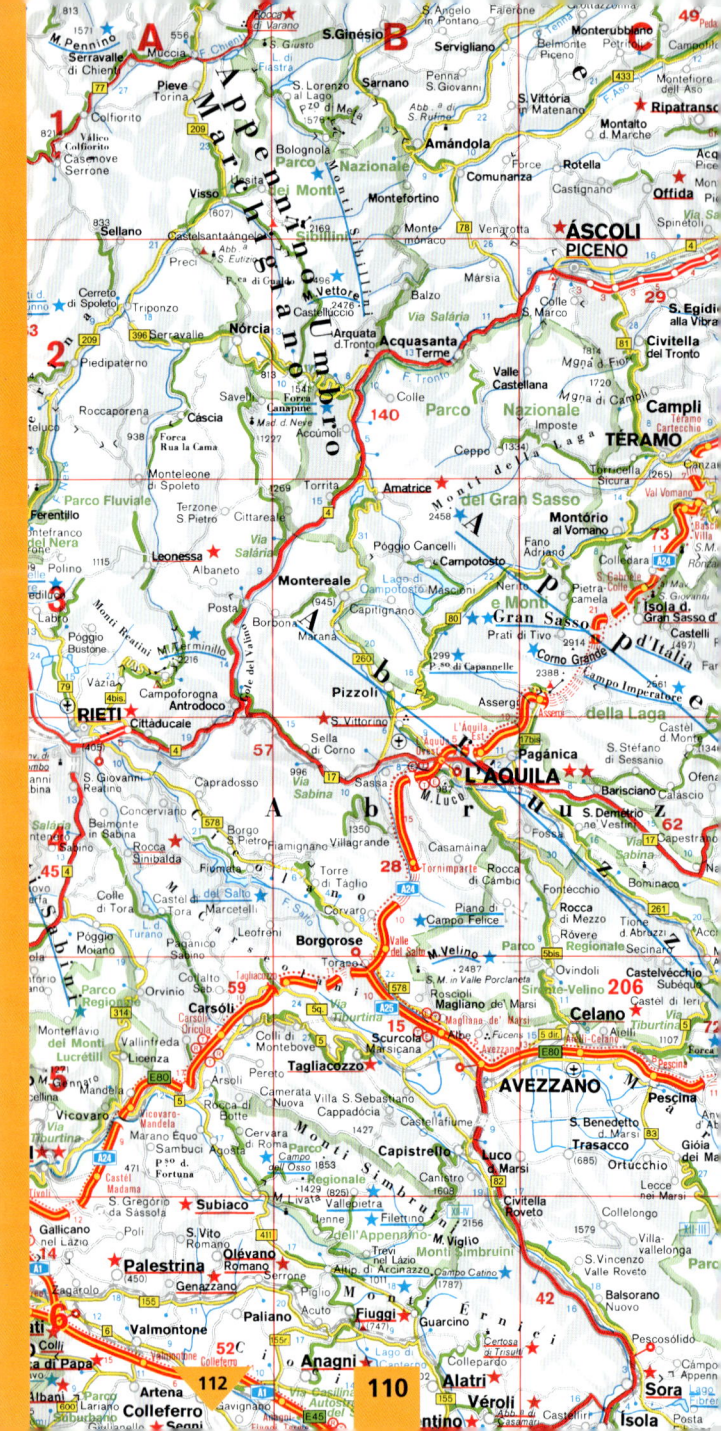

D   E   F

10km

1

Peschici
S. Menaio
Manacore d. Gargano
Torre di
Monte Pucci
Ischitella
S. M. di Merino
Spiaggia Scialmarino
Vico
del Gargano
Vieste ★
01
arpino
2
Foresta Umbra
Testa del Gargano ★
675
Pugnochiuso ★
el Gargano
528
45
Baia d. Zágare
1008
Mattinata
Monte
S. Angelo
89
MANFREDÓNIA

MARE
ADRIATICO **3**
Lido di Siponto ★

Golfo di Manfredónia

14
Zapponeta
159
62
Salápia Saline
49
4
545
Trinitápoli
Margherita
di Savóia
36
18
BARLETTA ★
S. Ferdinando
di Púglia
93
61
TRANI ★★
Andria-
Barletta
BISCÉGLIE
RIGNOLA
Canne
378
Trani
A14
MOLFETTA ★
21
98
ANDRIA
70
Dólmen
Giovinazz
(120)
CANOSA
DI PÚGLIA
Molfetta
S. Spirito
529
Pal
Via Adriatica
98
170dir
Bari
Pale
Macche
44
12
CORATO
Terlizzi
E55
Cerignola
Úven
72
22
Sovereto
BITONTO
Posta Piana
ú
Ruvo
di Púglia ★
Modugno
2005
Castel del Monte
(540)
Minervino
Palo
d. Colle
Bit
93
(420)
Murge
Mariotto
Grum
avello
22
170
Appula
63
Montemilone
S. Magno
g
Toritto
26
36
Quasano
Spinazzola
(435)
2
Venosa
2005
2005
55
Acqu
168
Poggiorsini
il Púra
378
del
6
Palazzo
S. Gervásio
39
97
Foresta
Mercadante
Maschito
2
169
655
21
ALTAMURA ★
Banzi
115
117
171
renza
Genzano
di Lucánia
L. di Serra
(338)
GRAVINA
Santéramo

Lago
Amantea
Grín

59

Aiello
Cálabro
62

Cámpora
S. Giovanni

Nocer
Tirines

Falera
Falerna Marina
Gi

Sa

Gizzeria Lido
Sant' Eufér
Lamézia Ter

G o l f o   d i
Sant' Eufé

S. Eufémia   Màida Marina

S.   E u f é m i a

Pizzo Cálabro

Pizzo

Briático   Vibo
Marina

Sant
Vibo

★ Tropea   Parghelia   **VIBO**
VALÉNTIA   (476)

Zungri   Hipponion

Ricadi

C. Vaticano   Spilinga   Mileto
Rombiolo
S. Calógero   **63**

Nicótera Marina   Nicótera   Dina
Gióia del Tirreno
Golfo di Gióia   **Rosarno**

S. Ferdinando   Laureana
di Borrello

Giff

Gióia
Táuro   Cinquefrondi   **38**

Metauro   Gióia Táuro
Tauroentum   **Polístena**
Palmi   **Taurianova**   S. Giorgio
Morgeto   Má

M. S. Elía   Palmi   **Cittanova**

Seminara   Molóchio
Óppido   848
★ **Bagnara**   Mamertina
Cálabra   **Cosoleto**   Antonimina
Punta   Bagnara C.   Sinópoli   Cimina
del Faro   Torre Faro   S. Eufémia
Sparta   Montelle   Scilla   d' Aspr   **Pláti**
Golfo di Milazzo   Castanea   Delianuova   Benestare
Messina-Nord   Villafranca
Divieto   Paradiso   **VILLA** S. Giovanni   S. Luca
Spadafora   Villa S. Giovanni   Gambária   **105**
Milazzo   Rometta   Gállico   Laganadi   Parco
Rometta   1056   Nazionale dell'Aspromon
MESSINA   Porto   1408   Sella Entrata   S Agata
S. Lucia   Monforte   Réggio di   del Bianco
d. Mela   S. Giorgio   Terreti   Samo
1124   Galati   Armo   Ferruzzano
Marina   163   Roccaforte
Molino   Stretto   del Greco   Scrisà
Ítala   **RÉGGIO DI CALABRIA**   Staiti   (650)
Fiumedinisi   Scaletta   Bagaladi   Bova   Pietra-
Zanclea   Condofuri   pennata
Mandanici   P. di Péllaro   Péllaro   Palizzi   Bran
51   Motta   Montebello   Mari
Antillo   S. Giovanni   Iónico   Bova
Roccalumera   Lazzaro   Marina   C. Spartiver
Pentedáttilo   Condofuri
S. Pietro e Paolo   Capo dell' Armi   Marina   Palizzi
96   Roccalumera   Mélito   Marina
Forza   S. Teresa   di Porto Salvo
d'Agró   di Riva
S. Alessio Siculo
Letoianni
6   **Taormina** ★★
Mazzaró
Giardini-Naxos
Giardini-Naxos
Schiso (Naxos)
129   **122**
Fiumefreddo

M A R C O 🌐 P O L O

Für Ihre nächste Reise gibt es folgende Titel:

Deutschland

Allgäu
Amrum/Föhr
Bayerischer Wald
Berlin
Bodensee
Chiemgau/
  Berchtesgaden
Dresden/
  Sächsische
  Schweiz
Düsseldorf
Eifel
Erzgebirge/
  Vogtland
Franken
Frankfurt
Hamburg
Harz
Heidelberg
Köln
Lausitz/Spreewald/
  Zittauer Gebirge
Leipzig
Lüneburger Heide/
  Wendland
Mark Brandenburg
Mecklenburgische
  Seenplatte
Mosel
München
Nordseeküste
  Schleswig-
  Holstein
Oberbayern
Ostfriesische
  Inseln
Ostfriesland
  Nordseeküste
  Niedersachsen
Ostseeküste
  Mecklenburg-
  Vorpommern
Ostseeküste
  Schleswig-
  Holstein
Pfalz
Potsdam
Rügen
Ruhrgebiet
Schwäbische Alb
Schwarzwald
Stuttgart
Sylt
Thüringen
Usedom
Weimar

Österreich Schweiz

Berner Oberland/
  Bern
Kärnten
Österreich
Salzburger Land
Schweiz
Tessin
Tirol
Wien
Zürich

Frankreich

Bretagne
Burgund
Côte d'Azur
Disneyland Paris
Elsass
Frankreich
Französische
  Atlantikküste
Korsika
Languedoc/
  Roussillon
Loire-Tal
Normandie
Paris
Provence

Italien Malta

Apulien
Capri
Dolomiten
Elba/Toskanischer
  Archipel
Emilia-Romagna
Florenz
Gardasee
Golf von Neapel
Ischia
Italien
Italienische Adria
Italien Nord
Italien Süd
Kalabrien
Ligurien
Mailand/
  Lombardei
Malta
Oberitalienische
  Seen
Piemont/Turin
Rom
Sardinien
Sizilien
Südtirol
Toskana
Umbrien
Venedig
Venetien/Friaul

Spanien Portugal

Algarve
Andalusien
Barcelona
Costa Blanca
Costa Brava
Costa del Sol/
  Granada
Fuerteventura
Gran Canaria
Ibiza/Formentera
Jakobsweg/
  Spanien
La Gomera/
  El Hierro
Lanzarote
La Palma
Lissabon

Madeira
Madrid
Mallorca
Menorca
Portugal
Spanien
Teneriffa

Nordeuropa

Bornholm
Dänemark
Finnland
Island
Kopenhagen
Norwegen
Schweden
Südschweden/
  Stockholm

Westeuropa Benelux

Amsterdam
Brüssel
England
Flandern
Irland
Kanalinseln
London
Luxemburg
Niederlande
Niederländische
  Küste
Schottland
Südengland

Osteuropa

Baltikum
Budapest
Kaliningrader
  Gebiet
Litauen/Kurische
  Nehrung
Masurische Seen
Moskau
Plattensee
Polen
Prag
Riesengebirge
Rumänien
Russland
Slowakei
St. Petersburg
Tschechien
Ungarn

Südosteuropa

Bulgarien
Bulgarische
  Schwarz-
  meerküste
Kroatische Küste/
  Dalmatien
Kroatische Küste/
  Istrien/Kvarner
Slowenien

Griechenland Türkei

Athen
Chalkidiki

Griechenland
  Festland
Griechische
  Inseln/Ägäis
Istanbul
Korfu
Kos
Kreta
Peloponnes
Rhodos
Samos
Santorin
Türkei
Türkische
  Südküste
Türkische
  Westküste
Zakinthos
Zypern

Nordamerika

Alaska
Chicago und
  die Großen Seen
Florida
Hawaii
Kalifornien
Kanada
Kanada Ost
Kanada West
Las Vegas
Los Angeles
New York
San Francisco
USA
USA Neuengland/
  Long Island
USA Ost
USA Südstaaten
USA Südwest
USA West
Washington D.C.

Mittel- und Südamerika

Argentinien
Brasilien
Chile
Costa Rica
Dominikanische
  Republik
Jamaika
Karibik/
  Große Antillen
Karibik/
  Kleine Antillen
Kuba
Mexiko
Peru/Bolivien
Venezuela
Yucatán

Afrika Vorderer Orient

Ägypten
Djerba/
  Südtunesien

Dubai/Emirate/Oman
Israel
Jemen
Jerusalem
Jordanien
Kenia
Marokko
Namibia
Südafrika
Syrien
Tunesien

Asien

Bali/Lombok
Bangkok
China
Hongkong/Macau
Indien
Japan
Ko Samui/Ko Phangan
Malaysia
Nepal
Peking
Philippinen
Phuket
Rajasthan
Shanghai
Singapur
Sri Lanka
Thailand
Tokio
Vietnam

Indischer Ozean Pazifik

Australien
Hawaii
Malediven
Mauritius
Neuseeland
Seychellen
Südsee

Cityguides

Berlin für Berliner
Frankfurt für
  Frankfurter
München für Münchner
Stuttgart für
  Stuttgarter

Sprachführer

Arabisch
Englisch
Französisch
Griechisch
Italienisch
Kroatisch
Niederländisch
Norwegisch
Polnisch
Portugiesisch
Russisch
Schwedisch
Spanisch
Tschechisch
Türkisch
Ungarisch

Im Register sind alle erwähnten Orte und Ausflugsziele unter ihrem deutschen Namen verzeichnet. Halbfette Seitenzahlen verweisen auf den Haupteintrag, kursive auf ein Foto.

Schreiben Sie uns!

Liebe Leserin, lieber Leser,

wir setzen alles daran, Ihnen möglichst aktuelle Informationen mit auf die Reise zu geben. Dennoch schleichen sich manchmal Fehler ein – trotz gründlicher Recherche unserer Autoren/innen. Sie haben sicherlich Verständnis, dass der Verlag dafür keine Haftung übernehmen kann. Wir freuen uns aber, wenn Sie uns schreiben.

Senden Sie Ihre Post an die MARCO POLO Redaktion, MAIRDUMONT, Postfach 31 51, 73751 Ostfildern, info@marcopolo.de

Impressum

Titelbild: Amalfi, Morgenstimmung an der Küste (laif: Zanetti)
Fotos: P. Amann (73, 79); R. Freyer (U. M., 27, 28, 30, 32, 90); R. Gill (20, 80, 82); H. Hartmann (54, 68); HB Verlag: Fabig (U. r., 59, 67), Nagy (2 u., 25, 26, 35, 37), Sasse (4, 9, 11, 16, 24, 40, 47, 52, 53, 69, 70, 75, 84, 93, 94); Huber: Giovanni (2 o., 6); laif: Celentano (88), Zanetti (105); T. Stankiewicz (12, 18, 44, 55, 58, 61, 77); M. Strobel (5 r., 38, 42, 66); M. Thomas (U. l., 1, 7, 14, 22, 65); H.-R. Uthoff (86)

7., aktualisierte Auflage 2005 © MAIRDUMONT, Ostfildern
Herausgeber: Ferdinand Ranft, Chefredakteurin: Marion Zorn
Redaktion: Nikolai Michaelis, Bildredaktion: Gabriele Forst
Kartografie Reiseatlas: © MAIRDUMONT/Falk Verlag, Ostfildern
Vermarktung: MAIRDUMONT MEDIA, media@mairdumont.com
Gestaltung: red.sign, Stuttgart
Sprachführer: in Zusammenarbeit mit Ernst Klett Sprachen GmbH, Stuttgart, Redaktion PONS Wörterbücher

Bloß nicht!

**Worauf man achten sollte,
um sich die Ferien nicht zu vermiesen**

Sich beklauen lassen

In Touristenballungszentren und an gut besuchten Stränden sollte man vor Taschendieben und Autoknackern auf der Hut sein – nicht nur in Italien. Besondere Vorsicht ist in öffentlichen Verkehrsmitteln und im Gewimmel der Märkte geboten. Beim Stadtbummel trägt man Handtasche und Fotoapparat stets auf der zur Häuserwand gerichteten Seite, nie zur Straßenseite. Auffälligen und kostbaren Schmuck lässt man am besten gleich zu Hause oder jedenfalls im Hotelsafe. Das geparkte Auto sollte leer oder das Gepäck im abgeschlossenen Kofferraum verstaut sein. Praktisch sind tragbare Autoradios.

Leichtsinn beim Wandern

Man kann beim Wandern Vipern begegnen, hier sind festes Schuhwerk und ein Stock angesagt. Die Apotheken haben stets Vipernserum auf Lager. Von September bis Dezember gehen die Italiener auf die Pirsch, von einem Spaziergang ist dann in den ausgeschilderten Jagdrevieren tunlichst abzuraten.

Ungeduldig werden

Sie werden im Süden einem anderen Zeitgefühl begegnen. Das kann dazu führen, dass man mit organisatorischer Effizienz nicht weit kommt, oft scheinbar sinnlos warten muss, die Zeit von Mittag bis zum frühen Abend stillzustehen scheint. Dafür haben die Leute aber auch mehr Zeit für einen, was zu netten Begegnungen und manchmal fast wundersamen Lösungen von Problemen führen kann.

Rauchen

Seit 2005 darf man in Italien nicht mehr in Restaurants, Bars, Zügen, kurz: an allen öffentlichen Orten rauchen. Drastische Bußgelder können bei Zuwiderhandlung verhängt werden.

Überall oben ohne

Oben ohne ist nicht verboten und auch unter den Italienerinnen verbreitet, doch eher im Zentrum und im Norden des Landes. An süditalienischen Familienstränden sollten Sie sich damit lieber etwas zurückhalten.

Ohne Preisabsprache

In manchen Fällen tun Sie gut daran, vorher nach dem Preis zu fragen, z. B. vor Antritt einer Taxifahrt, bei der Bestellung eines Hotelzimmers, vor Inanspruchnahme der Dienste einer Autowerkstatt oder wenn man im Restaurant Fisch bestellt, der häufig nach Gewicht berechnet wird, d. h., dass sein Preis auf der Speisekarte pro 100 g *(etto)* angegeben ist.